中国当代
科学家的
——故事——

U0754712

# 超导 "玩家" 的科学梦

主编 杨计明

SPM
南方传媒

广东科技出版社
全国优秀出版社

·广州·

# 图书在版编目（CIP）数据

超导"玩家"的科学梦 / 杨计明主编. -- 广州：广东科技出版社，2024.9（2025.4重印）. --（中国当代科学家的故事）. ISBN 978-7-5359-8383-1

Ⅰ. K826.1-49

中国国家版本馆 CIP 数据核字第 20240A22T9 号

**超导"玩家"的科学梦**

Chaodao "Wanjia" de Kexuemeng

出 版 人：严奉强
项目策划：王 蕾
项目统筹：招海萍 区燕宜 严 旻
责任编辑：区燕宜 熊拓新
封面设计：俞孝军
装帧设计：友间文化
责任校对：于强强
责任印制：彭海波
出版发行：广东科技出版社
　　　　　（广州市环市东路水荫路11号　邮政编码：510075）
销售热线：020-37607413
https://www.gdstp.com.cn
E-mail：gdkjbw@nfcb.com.cn
经　　销：广东新华发行集团股份有限公司
印　　刷：广州市东盛彩印有限公司
　　　　　（广州市增城区上邴工业区工业二路1号　邮政编码：510700）
规　　格：889 mm×1 194 mm　1/32　印张5　字数100千
版　　次：2024年9月第1版
　　　　　2025年4月第2次印刷
定　　价：29.80元

# "中国当代科学家的故事"丛书

# 编委会

主　　编：杨计明

本册主编：童海云

编写人员：（按编写顺序排序）

杨计明　姜　羽　张　会

雷　俊　江翠情　陈　成

武亚飞　陈莹莹

# 序 言

在浩瀚的宇宙中，人类探索的脚步从未停歇。从古至今，无数科学家以其卓越的智慧和不懈的努力，推动着人类社会的进步和发展。科学家是知识的创造者和传播者，是时代的先锋、国家的脊梁。

国家最高科学技术奖是中国科学技术界的最高荣誉，主要授予在当代科学技术前沿取得重大突破或者在科学技术发展中有卓越建树，在科学技术创新、科学技术成果转化和高技术产业化中创造巨大经济效益或者社会效益的科学技术工作者。本套丛书主要介绍了从2000年起历届国家最高科学技术奖获奖者的科学发现及科学贡献，他们有的在实验室里默默耕耘，有的在太空探索中勇往直前，有的在手术台上挽救生命，有的在信息技术领域创新突破……他们的故事，是关于梦想、挑战、坚持和成就的故事。

"中国当代科学家的故事"丛书专为青少年读者精心编撰，是一套弘扬科学精神和科学家精

神，树立优秀榜样，培养青少年热爱科学、勇于探索、坚持真理、无私奉献的精神，提高青少年科学素养的科普读物，希望通过讲述中国当代科学家们的故事，激发年青一代对科学、技术、工程和数学（STEM）领域探索研究的热情和兴趣，传递昂扬向上的生命力量。

丛书按获奖者获奖年份分为5册，每册讲述7名科学家的成就和故事。

让我们一起翻开本书，走进科学家的世界，感受他们对真理的追求、对科学的热爱、对未知的探索，学习他们高尚的精神，感受他们的人格魅力。希望本套丛书能够成为青少年科学探索路上的一盏明灯，点燃梦想的火种，照亮前行的道路。

中国科学院院士

2024年8月

郑哲敏

程开甲

张存浩

赵忠贤

屠呦呦

于 敏

王泽山

# 目　录

# 郑哲敏

# 爆炸力学的奠基人和开拓者

## 科学家简介

郑哲敏（1924－2021年）

著名物理学家、力学家、爆炸力学专家

中国科学院院士、中国工程院院士、美国国家工程院外籍院士

2012年度国家最高科学技术奖获得者

中国爆炸力学的奠基人和开拓者之一

中国力学学科的建设者之一

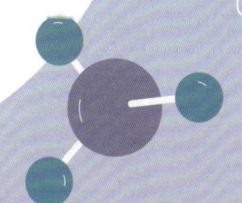

# 科学发现

## "爆炸力学"带头人

1955年，郑哲敏进入中国科学院工作。同年秋天，我国著名科学家钱学森也回到祖国，并于翌年创建了中国科学院力学研究所。20世纪50年代，中国百业待兴，其中包括刚刚开启的航天事业。当时，中国航天事业正处于攻坚克难的关键时期，科学家们全心致力于"两弹一星"的研制工作。中国在零部件加工工艺方面起步晚，导致火箭内部的部分零件无法精准制造，尤其是一些形状特殊的关键零件。即使克服困难制造出零件来，由于零件精密度不达标，也无法投入使用。这成了火箭成功发射上天的一大障碍，对于刚进入中国科学院工作的郑哲敏来说，这是他面对的一大挑战。

20世纪50年代末，郑哲敏和他的同事开始研究爆炸成形。他想：既然爆炸能够在瞬间产生巨大的冲击力，何不把需要的零件"炸"出来？长期从事力学研究的郑哲敏很快就提出了"爆炸成形"的大胆假设，并率领团队进行严谨的理论论证。所谓爆炸成形，就是通过控制爆炸时能量释放的方向和力度，将材料炸成预先设定的形状。

随后，郑哲敏来到北京汽车厂进行实验，他想到，工人们可以把薄钢板拉成汽车面板、前罩、后罩、灯罩等东西，他就跟工人说要用炸药"炸一个后箱盖"。当时，工人很难理解"炸一个后箱盖"是什么意思。但郑哲敏觉得，通过控制爆炸产生的能量和方向来将物体"炸"成预先设定的形状，应该很容易。于是，郑哲敏及其团队就开始制作模具：把钢板铺在底座上，底下是空的，上面放炸药，然后加入水。用水来传递爆炸的能量，应该比空气传递效果好。

但是实验的时候，一爆炸，那块铁板就像一块布一样被炸烂了，有的地方出现了褶皱，有的地方破了。郑

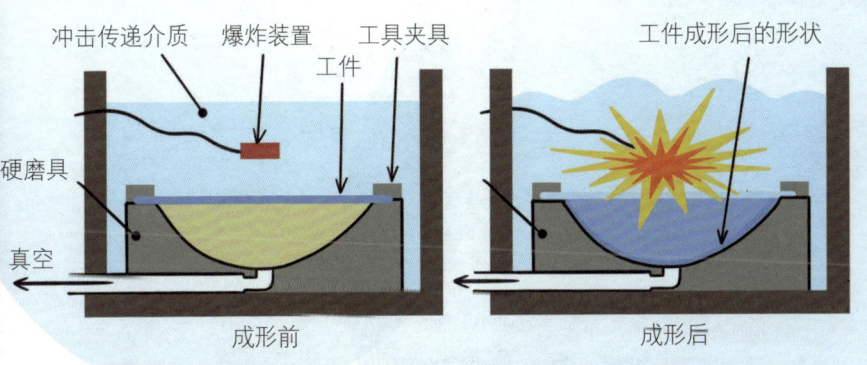

冲击波的原理

哲敏及其团队在复盘时分析："爆炸速度极快，模具里的气体无法及时排出，爆炸后气体回鼓，导致气压高低不同，从而使得铁板破裂并产生褶皱。"他们又想到利用抽真空等方法将铁板炸出来。后来铁板炸出来了，但是依然达不到汽车要求的精度，工人们于是不再接受他的方案，把他从汽车厂"客气地请出去了"。

根据水中冲击波和理想塑性力学的原理，郑哲敏提出了爆炸成形的几何相似律并得到实验验证。他还注意到，在待成形的板材充分薄的条件下，如果成形所需的炸药量与板的厚度成正比，则炸药的能量利用率是常数。因此，他又在几何相似律的基础上，提出了更为简便的能量准则。

## 知识拓展

### 冲击波和理想塑性力学

你可以简单地将冲击波理解为小汽车开得飞快时，空气被挤压，形成的一个压力大的波浪，就好像我们在水中拍手时水花溅起来一样。这个压力波就叫作冲击波，它是一种在高速、高压作用下产生的不连续峰的传播。

　　而理想塑性力学就像是在玩弹簧游戏：当你用手拉弹簧的时候，一开始它会变形，就像橡皮筋被拉长一样。在理想塑性力学里，假设你把弹簧拉得够远，它就会停在那里，不再弹回去。这就好像在游戏中，一旦你拉动弹簧到一定程度，它就保持这个形状，不再变回原样。就是这么简单，一次变形，永远保持！

　　当时，没有良好的设备，也没有足够的数据，进行科学研究的条件相当匮乏。但是，对于郑哲敏来说，能力和决心就是解决问题最强有力的武器。缺少先进设备，郑哲敏就和团队成员自制"土装备"，冒着安全性较低和故障率较高的风险，一点一点搭建设备原型。没有数据，郑哲敏就采用"笨办法"，一个数字一个数字进行计算，得出结果后再反复验算。当时，国内很多人都觉得，郑哲敏的这种想法是天方夜谭：人怎么能够控制爆炸呢？但是让所有人都没有想到的是，仅仅几年时间，郑哲敏及其团队就用事实作出了最强有力的证明。

　　郑哲敏的研究团队在测量板材变形的实验研究中发现，板材运动有二次加速的现象。郑哲敏对这个现象开展了理论探讨。理论计算表明，水中冲击波的反射导致邻近板材的水发生空化，而且空化区不断扩大。另外，根据水下炸药爆炸的理论，爆轰波和产物膨胀会引起冲击波在水介质中传播。这个冲击波会对周围的水产生力的作用，后者将驱动周围的水加速冲向四周。当空化区消失时，板材的运动速度小于被火球驱动的水的速度，故而发生碰撞，使板材再次加速。郑哲敏对球壳的爆炸成形数据进行了全过程的计算，证实了上述认识，从而阐明二次加速的原因和爆炸成形的原理。

## 小故事

　　1960年，在中国科学院力学研究所的空地上，随着一声爆炸声响起，一团白色的硝烟腾起，第一次爆炸成形试验取得成功，一块手掌大小的镀锌圆板，被镭管炸成一个三四寸大小、形状规整的黑乎乎的小碗。当时，钱学森激动地举着它说："别看现在得到的是一个小小的爆炸成形件，将来可以发展成为生产航天工程中直径几米的大部件，可能会在机械工业领域产生重大变革。"咱们可不能小瞧这个黑乎乎的"小碗"，它代表着一项重要技术的突破，这个形状规则的"小碗"不是靠普通的切割等技术，而是用"爆炸"的方法，并且原材料是一个单发雷管（金属块）。为何说这个成形的"小碗"是技术上的重要突破呢？这是因为"爆炸"本身就是一件较难控制的事情，通过爆炸来"炸"出一个碗，需要精准计算炸药爆炸时释放的能量、爆炸时间，以及炸药量。"小碗"的出现，标志着我国成功攻克了一个技术难题，第一次在精确计算炸药爆炸时能量释放的方向和力度的情况下，成功将一块金属平板炸成事先预设的形状。将此项技术应用在制作导弹和火箭的喷管中，就是爆炸成形技术。爆炸成形试验的成功，是一个重要证据，验证了郑哲敏提出的"爆炸成形的机制和模型律"的合理性。航天部门在此基础上，通过与其他部门的工艺相结合，成功制造出高精度的导弹零部件，而"爆炸力学学科"也以此为开端，蓬勃发展。

### 流体弹塑性模型和理论

提起爆炸，人们往往首先联想到战场上的炮火、硝烟乃至原子弹、氢弹的巨大威力。除了用于民用工业建设之外，郑哲敏的爆炸力学在国防工业方面也扮演着重要的角色。

1965年，郑哲敏与核科学家团队提出了"流体弹塑性模型"，这个模型是关于爆炸和冲击力作用下的介质（流体、固体）的特性及运动规律的统一方程描述，

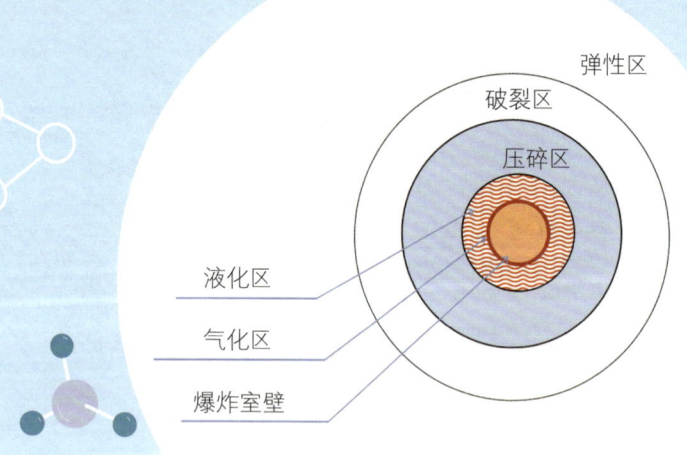

地下核爆炸计算模型中
岩石变形的区域划分

是爆炸力学学科的经典应用标志。该模型可准确预测地下核试验压力衰减规律，为我国首次地下核爆预报作出了贡献。

众所周知，地下核爆炸瞬间，周围环境会形成一种极其高温、高压的状态，同时释放巨大的能量。此时，在爆炸周围的岩石中会形成非常强烈的冲击波，冲击波向岩石周围传播的时候，岩石会产生气化、液化、破碎、破裂等效应。针对地下核试验问题，郑哲敏等人将爆炸室周围的岩石变形划分为5个区域：气化区、液化区、压碎区、破裂区和弹性区。

**冲击波**

冲击波是由于突然释放的能量在空气或其他介质中形成巨大波动而产生的。其强度和效应取决于爆炸的规模、类型及周围环境。这些能量迅速传播到周围，就像我们扔石子到水里会看到水波一样，只是冲击波更强大。冲击波可对周围物质起到破坏、抛掷、压缩等作用，造成巨大的灾害，但在爆破拆除、矿山升采等领域有广泛的应用。

这个能量传播的过程就像一圈圈的震动，它让空气和周围的东西都被挤压和撞击，就像是一阵无形的大风一样，能够让东西摇晃、碎裂，有时候甚至会引起爆炸。所以，爆炸的时候，不仅有响声，还有强大的冲击波，会让周围的一切都感受到"轰隆隆"的力量。

对于地下核爆的物理现象，郑哲敏及其团队在报告中作了如下描述：起爆后短时间内，爆炸室就充满了高温、高压气体（目前人们一般称之为"等离子体火球"），其压力可达几百万大气压，温度可达几万摄氏度。高压气体突然作用在爆炸室的边壁上，在周围的岩石介质里形成不断向前推进的激波。

激波与冲击波不同，激波是一种波动现象，当物体以超过声速（声波，在空气中的传播速度是340米/秒）的速度移动时，就会产生激波。在激波向前传播的过程中，如果传播介质中的压力、密度、温度等突然发生变化，激波就不连续了，形成间断。

在爆炸室附近，激波强度很高（或者说，跳跃很大，即一种"强间断"），足以使岩石的状态超过气化（物体由固态或液态转化为气态）的临界点，所以这一部分岩石就变成了气体，相应的区域为气化区。

激波的压力在传播过程中会逐步下降，在低于气化临界点但仍高于液化（物体由气态或固态转化为液态）临界点的区域里，岩石就只能变成液体，此区域则称为液化区。

在较远距离处，即激波压力低于液化临界点以后，岩石便可以保持固体状态。不过它们可依据激波压力的不同分为不同区域：在压碎区，激波压力仍能达到几十万大气压以上，由于岩石的抗剪能力有限，这里的岩石在受到激波压缩作用时剪应力超过剪切强度而变形粉碎。

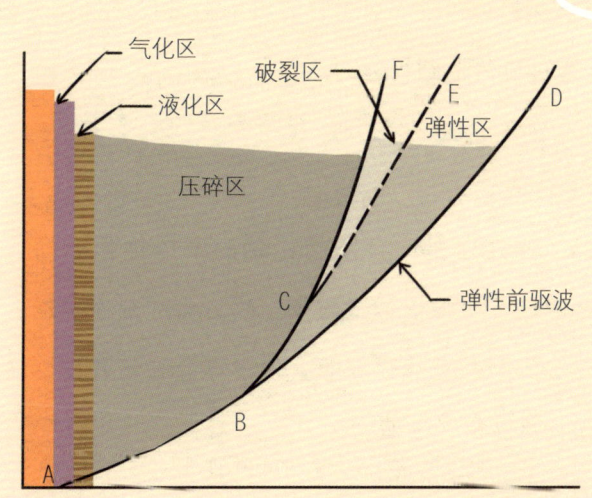

激波传播和岩石变形区域的形成

我们可以通过一块巧克力来理解压碎区：你可以想象这里有一块坚硬的巧克力，当有很大的力量压在上面时，这块巧克力可能会破碎成小块或变成碎屑。岩石也是如此，当它们承受很大的力量时，就会发生类似的情况，岩石可能会破碎成小块或颗粒，而不再是一个坚硬的整体。

在爆炸形成的压碎区域外，是破裂区，岩石在这个区域受到超过拉伸强度的力的作用而产生断裂，岩石裂缝的方向大多为径向（但也会存在裂缝朝四周方向伸展的情况）。

破裂区以外便是弹性区，此时激波已经退化为弹性波，它可以传播到很远的范围。

**弹性波**

弹性波是一种能够在物质中传播的波动，就像把一个橡皮球弹起来一样。当你在橡皮球上施加压力并迅速释放时，橡皮球会弹起并产生波动，这就是弹性波。

对于各个区域中的介质模型，郑哲敏及其团队给出了如下说明：（1）在弹性区，岩石假设为各向同性的弹性体并有一定规律。（2）在破裂区，岩石仍处于弹性状态，但对裂纹宽度有一定限制。（3）在压碎区，这里的情况最为复杂，由于周围岩石的抑制，被压碎的岩石并不会飞散开来，仍可认为是连续介质。（4）至于液化区和气化区，介质就直接按照流体来处理。

这样，郑哲敏等人便给出了描述地下核爆现象的基本方程，它是包括连续方程、运动方程、能量方程和状态方程的一组拟线性偏微分方程，爆炸后的气化区、液化区、压碎区、破裂区和弹性区中的岩石都可以使用流体弹塑性模型。

综上所述，"流体弹塑性模型"的要义就是：在核爆炸的时候，激波随着时间的衰减及其变化会让岩石状态发生不同的变化。当激波应力比材料剪切强度大得多时，把固体当作无黏性可压缩流体处理（亦可称之为"流体动力学模型"或"流体动力学近似模型"）；当激波应力接近于材料屈服应力（材料能够承受的最大作用力）时，就需计算材料的剪切强度；当激波应力接近材料拉伸强度时需考虑材料的拉伸破裂；当激波应力再降低时，只需考虑材料的弹性。

此外，郑哲敏研究团队在完成预报地下核爆的力学模型和计算方案时，特别指明了工作中存在的问题和解决的途径。郑哲敏在1967年亲笔书写的报告中提出了以下几点：（1）空腔大小问题。目前算得的尺寸太小，建议改变参数。（2）弹性区模型问题。目前的结果与试验数据不太相符，建议可通过实验室岩石试验引入摩擦效应，亦可考虑采用有磁滞效应的模型，但哪种模型比较符合实际，只有通过化爆试验来解决。

郑哲敏提出了"我们必须进行化爆试验"的建议，对此他写道："由于理想弹性的假设和人工黏性，目前

郑哲敏的手写稿

的数值计算应用于化爆的把握不大，预报核爆远区应力的把握也不大。因此，化爆试验是必须的，其目的是为建立低压区的理论模型提供依据。"在这份报告中，郑哲敏还详细论证了化爆试验的药量、地质条件、测量项目、应力探头及其埋设方式等。

我们可以从书写报告的丰富内容、清秀笔迹看出郑哲敏学风严谨。他曾这样谈及科研工作："科学研究是枯燥和辛苦的，要经得起寂寞和痛苦。"在科研工作中，是对国家、对事业的忠诚在支撑着郑哲敏不懈地探索科学难题，不断地攀登科学高峰。他无愧于"心系祖国，始终以国家需求为己任，呕心沥血，严谨创新，团结奋进"的评价。

## 科学贡献

作为一名卓越的科技工作者，郑哲敏在应用力学和爆炸力学的学科发展上作出了创造性贡献。他对祖国充满热爱，在对科学的追求、对事业的执着方面都展现出卓越的品质。

郑哲敏长期从事水弹性力学、固体力学的研究，他不仅在理论研究上成就斐然，还擅长将理论研究的成果应用到实际问题中。他提出的流体弹塑性模型和理论，在爆炸加工、岩土爆破、核爆炸效应、穿甲破甲、材料动态破坏、瓦斯突出等多个领域里取得了重要成果。

郑哲敏还特别关心我们的地球家园，他提倡研究海洋工程力学、材料力学性能和环境灾害力学，这样我们就能更好地保护我们的家园。他和团队创建了中国科学院力学研究所非线性连续介质力学开放研究实验室，这一举措为推动中国力学事业的发展作出了卓越贡献。

在国际上，郑哲敏就像中国力学界的大使，他积极参与组织相关的学术研究，努力促进国际合作，提高了中国的国际影响力和地位。郑哲敏是一名科学家，也是一名心系祖国、始终以国家需求为己任的爱国人士。他不仅严谨创新，平易近人，还为祖国培养了大批力学领域的杰出人才。

郑哲敏作为科技团队的组织者和领路人，目光深远，倡导并身体力行"做第一流的工作"。作为应用力学和技术科学的实践者，郑哲敏堪称坚持和发展钱学森技术科学思想的典范。

他在科研工作中非常强调实用，没有停留在理论研究上，也没有止步于论文发表，而是开拓了非常广泛的应用领域。在他的理念里，这才完成了一个"循环"。郑哲敏的学术风范和优秀品质值得我们学习和发扬。

# 张存浩

# 火箭助推器领跑者

## 科学家简介

张存浩（1928－2024年）

中国物理化学家和激光化学家

中国科学院院士

高能化学激光的奠基人和分子反应动力学的奠基人之一

2013年度国家最高科学技术奖获得者

编号19282的小行星被命名为"张存浩星"

## 🧪 科学发现

中华人民共和国成立70多年，如今已成为世界能源生产大国。而在1949年以前，中国原油年产量尚不足12万吨，曾被西方扣上"贫油国"的帽子，各项生产生活都受到严重制约。为了缓解当时中国石油供求紧张的情况，张存浩及其团队积极探索，推陈出新，从新工艺的角度进行合成燃料的研究。随着大庆油田的发现，天然原油更具优势，张存浩又根据国家发展需求投身火箭推进剂的研制，提出了固体推进剂燃速的多层火焰理论，第一次比较全面地解释了固体推进剂的侵蚀燃烧和临界流速现象，大大提升了我国火箭的性能。现在，让我们一起走进他的研究。

### 开启化学研究之旅

张存浩出身于书香门第，从小受到良好的教育熏陶，家族的文化底蕴和爱国情怀共同铸就了这位化学界的璀璨明星。他的家庭学术氛围浓厚，他自幼便受到姑姑张锦和姑父傅鹰的深刻影响，这两位是我国早期的有机化学家和化学教育家，不仅为张存浩日后从事化学研究奠定了坚实的基础，更以他们的言传身教，将一颗爱国的种子深植于张存浩的心底。

20世纪40年代，张存浩以优异的成绩获得美国密歇根大学化学工程专业硕士学位。尽管国外待遇和条件都更为优渥，张存浩还是毅然选择了回国，为中华人民共和国的建设贡献自己的力量。回国后，张存浩暂居北京，收到了包括北京大学在内的多家著名高校和科研单位的邀请。然而，在他抉择之际，我国催化科学奠基人、时任东北科学研究所大连分所所长的张大煜找到了他，这位化学界的泰斗级人物对张存浩的才华给予了高度评价，并诚邀他加入大连分所。在张大煜的影响下，张存浩决定前往大连，开启了他在这片土地上长达数十年的化学研究之旅。在大连，张存浩以其卓越的学术造诣和不懈的努力，为我国化学事业的发展作出杰出贡献。他不仅在催化、火箭推进剂、化学激光、分子反应动力学等领域取得了重要突破，还为我国培养了大批优秀的化学人才。他的爱国情怀和奉献精神，更是激励着一代又一代的科研工作者为祖国的繁荣富强而努力奋斗。

## 解决石油短缺问题

中国石油资源曾一度面临严重的短缺问题，这一困境甚至让西方国家将我国戏称为"贫油国"。在那样的时代背景下，水煤气合成石油的研究成为全球科研领域的热门话题。面对国家石油资源匮乏的严峻形势，张存浩心怀壮志，决心为国家解决这一难题，用自己的才学为国家的建设贡献力量。

张存浩深知，要解决石油资源短缺的问题，关键在于寻找新的催化剂和工艺，以提高石油产量。因此，他和团队成员将研究方向聚焦于水煤气合成燃料这一领域，希望从水煤气中获得燃油，以缓解石油资源短缺的压力。在张大煜的指导下，张存浩与同事楼南泉等人开始了艰苦卓绝的研究工作。他们全身心投入，不断尝试新的催化剂和反应条件，以期找到最佳的合成工艺。经过无数次的试验和失败，他们终于取得了突破性进展，成功实现了水煤气的高效合成，为我国石油工业的发展开辟了新的道路。张存浩及其团队的这一成就，不仅为国家解决了石油短缺的难题，更为我国的科研事业树立了新的里程碑。他们的研究成果在国内外产生了广泛的影响，为我国在国际上赢得了声誉。同时，他们的爱国精神和无私奉献精神也激励着一代又一代的科研工作者，为祖国的繁荣富强而努力奋斗。

## 知识拓展

### 水煤气的成分

水煤气通常用于合成化学反应或作为燃料。它的主要成分是什么呢？让我们用一个简单的科学实验进行研究。实验装置如下：

通过探究，可以发现：A瓶中出现的现象是澄清石灰水变浑浊，根据二氧化碳能够让澄清石灰水变浑浊的科学原理，可证实水煤气中含有二氧化碳；D瓶中盛放浓硫酸的作用是吸收水蒸气，可观察到F中的白色固体——无水硫酸铜变为了蓝色，根据无水硫酸铜遇水会变成蓝色的原理，说明生成物中有水，根据进一步论证，证明混合气体中有氢气，也就是水煤气中含有氢气；C瓶中澄清石灰水的作用是检验二氧化碳是否除尽，当

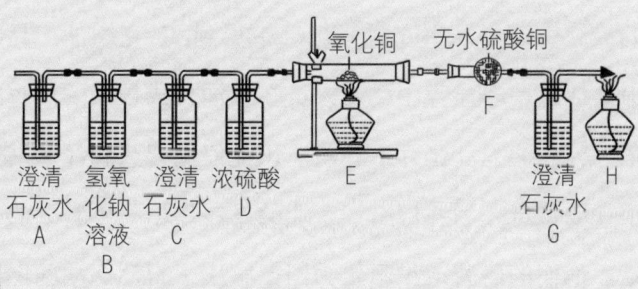

水煤气成分分析

观察到C瓶中的澄清石灰水不变浑浊，G瓶中澄清石灰水变浑浊，根据一氧化碳与氧化铜反应生成二氧化碳的原理，说明水煤气中有一氧化碳。根据以上现象，证明了水煤气的主要成分是一氧化碳、氢气和二氧化碳。

在石油资源匮乏的年代，张存浩的研究不仅与世界同步，而且在某些方面表现尤为突出。面对催化剂严重破碎的难题，张存浩及其团队迎难而上，成功找到了一种基本不会破碎的催化剂，这一突破性的成果为我国的石油工业发展注入了强大的动力。1951—1958年，这八年是张存浩及其团队日夜兼程、攻坚克难的岁月。他们经历了无数次的试验和失败，但从未放弃过对成功的追求。通过"小试""中试"及与炼油厂的紧密合作，他们最终实现了从每立方米煤气中得到200克燃油产品的惊人成果，彰显我国科研人员在石油合成领域的卓越才华和创新能力。张存浩和团队用他们的智慧和汗水书写了一段传奇，为我国石油工业的发展作出不可磨灭的贡献。他们的研究成果不仅为国家解决了石油短缺的燃眉之急，更为我国科研事业树立了新的标杆。他们的精神将永远激励着我们不断前行，为祖国繁荣富强贡献自己的力量。

　　不久，大庆油田被发现，天然油的成本更具优势，合成油的研究成果只能搁置。虽然张存浩想继续在这个领域钻研，做得更好，但是由于国家需要，他放下了已有成就，转向新的科研领域。

## 火箭推进剂的研究

　　20世纪50年代末，紧张的国际形势迫使中国必须独立自主并迅速发展国防尖端技术，火箭推进剂的研究正是其中一项重要的国防任务。张存浩迅速响应号召，迎接挑战，转入火箭推进剂研制这一对他来说几乎是全新的领域。

　　火箭需要高能燃料，所谓的高能燃料是指单位质量所释放的能量较一般燃料更大的燃料，它能使发动机具有更大的推动力。为火箭研制新燃料是一个全新课题，一系列复杂问题必须求得准确答案。张存浩和团队在硼烷高能燃料、固体推进剂、固液推进剂等方面进行了大量实验，他和同事何国钟等提出的固体推进剂燃速的多层火焰理论模型，多年后依然在发挥作用。对于一枚火箭来说，它90%的重量是推进剂，也正是这几百上千吨的

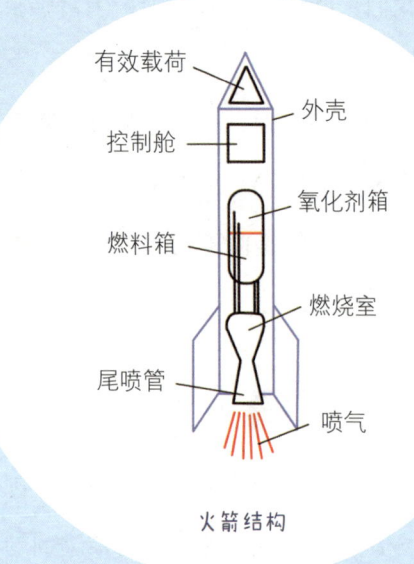

火箭结构

高能推进剂，使火箭拥有比其他交通工具更强的动力。什么是固体推进剂呢？还得从火箭的结构和简单的化学原理说起。

让我们先了解氧化剂与还原剂。通过科学学习，我们已经知道世界是由物质组成的，物质是由分子、原子和离子构成的。这些粒子含有大量的电子，电子并不会永远依附在某一个原子或者分子上，而是可以通过化学反应在不同的原子或分子之间转移的。有的物质的原子、分子特别容易"得到"电子，我们把这种物质称为氧化剂；而有的物质的原子、分子特别容易"丢失"电

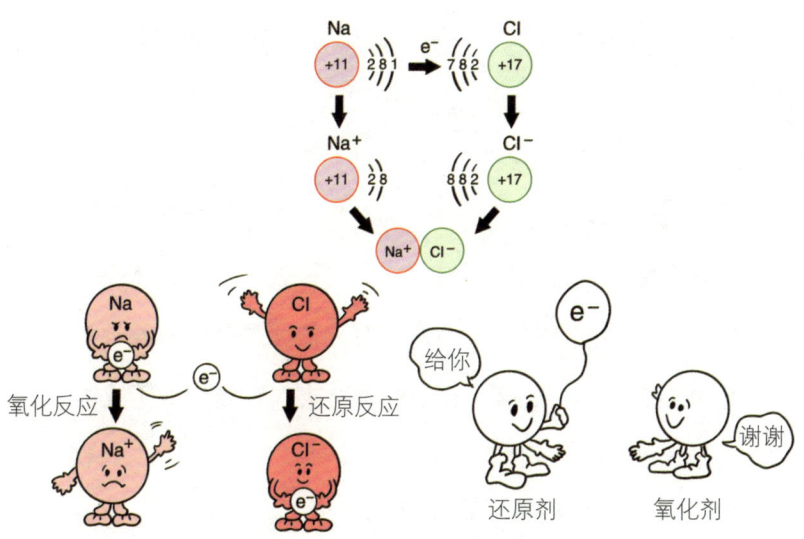

氧化还原反应

了，我们把这种物质称为还原剂。氧化剂与还原剂之间会发生氧化还原反应，在反应过程中，电子将从还原剂分子转移到氧化剂分子。

氧化还原反应是一类非常重要的化学反应，它在现实生活中有很多应用，比如大家熟悉的铁生锈的实验、植物的光合作用、人体的呼吸、电池的充放电等。而当氧化还原反应足够剧烈时，会产生大量的光和热，这就是燃烧。比如在金属钠与氯气的反应中，由于反应进行得足够剧烈，会产生火焰。

在生活中，由于空气中的氧气充当了氧化剂，我们通常只需要直接点燃燃料（还原剂）就可以使其燃烧。然而太空中没有空气，因此火箭就需要自己同时携带氧化剂与燃料进行燃烧。而氧化剂与燃料，就构成了火箭的推进剂。

对此，我们可以做个总结：火箭推进剂由两部分组成，一部分是氧化剂，另一部分是燃料，燃料的作用就是在燃烧的氧化还原反应中充当还原剂。这种由两种物质组成的推进剂组合叫作双组元推进剂，绝大多数火箭，无论其推进剂为液体还是固体，都采用双组元推进剂。可是接下来，火箭工程师将会面对一个难题：在这个世界上，氧化剂和燃料的组合千千万万，应该挑选哪些化学物质来作为火箭推进剂呢？后来，他们总结出以下挑选原则：性能尽可能的高；腐蚀性尽可能的小；物理与化学性质尽可能的稳定；毒性尽可能的小，最好没有毒性；价格尽可能的便宜。对于第一条挑选原则，也就是推进剂的性能，在航天工程中通常用比冲（也叫比推力）进行量化和比较。比冲的定义是单位质量流量的推进剂产生的推力，也就是一台火箭发动机每秒每消耗一千克推进剂所产生的推力。在实际计算中，通常火箭工程师们会建立一个火箭发动机的理论模型，让不同的推进剂组合来进行燃烧，从而获得在该条件下不同推进剂的比冲值来进行对比。除此之外，实际工程应用中还会使用密度比冲（即推进剂密度与比冲的乘积）来衡量推进剂的性能。

再看其他4条挑选原则，目前各国使用的火箭推进剂组合中几乎没有一种可以同时满足条件。这意味着火箭工程师必须作出取舍。

后来，火箭工程师注意到，煤油与酒精相比不易挥发，物理性质稳定，价格相对低廉，密度较高，毒性较小，是不可多得的优质燃料。液氧-煤油推进剂的比冲高达300秒，高于液氧-酒精推进剂，于是火箭工程师们很快以航空煤油为基础研制了火箭用航天煤油，以此作为新的燃料。

与此同时，固体火箭推进剂也得到了大力发展。固体火箭推进剂也是由氧化剂和还原剂（燃料）组成。只不过，在固体火箭推进剂中，氧化剂和燃料都是固态的。早期的固体火箭直接采用挤压成型的双基火药作为推进剂。后来，为了进一步提升火箭的性能和安全性，

各国开始改用全新的混合配方推进剂。

**混合配方推进剂**

混合配方推进剂主要包括3种物质。氧化剂：粉末状氧化剂，作用与液体燃料中的氧化剂相同。黏合剂：黏合粉末状的氧化剂和燃料，同时也作为一部分燃料使用。燃料：粉末状还原剂。

氧化剂一般直接选取粉末状强氧化剂，如氯酸钾、高氯酸钾、过氯酸铵等。黏合剂一般选取橡胶、树脂、塑料等物质，可以将整个推进剂塑形成一个块状固体。同时，黏合剂一般是还原剂，可以与燃料共同参与燃烧。而粉末状燃料通常是由一些金属粉末（如铝粉）构成。在加工推进剂时，首先加入黏合剂使其熔融，再向其中加入粉末状氧化剂和燃料形成糊状推进剂，然后将糊状推进剂搅拌均匀后放入真空环境下的模具里浇铸、固化，这样推进剂的制作就大功告成了。为方便进一步加工，推进剂一般都浇铸成内部中空的圆柱体。当固体火箭点火时，火焰在圆柱体内表面燃烧，由内而外，直到将整个柱体烧尽。

固体推进剂燃速是指在特定压力和环境温度下，固

黑色空心圆柱为固体火箭燃料柱

体推进剂燃烧时燃烧表面沿其法线方向向推进剂内部传播的线速度。燃速受到固体推进剂的物理化学特性、燃烧环境、燃烧压力等因素的影响。一般来说，固体推进剂的燃速越高，其推力和比冲通常越大，但同时也可能导致燃烧压力过高、燃烧不稳定等问题。因此，在设计固体火箭发动机时，需要综合考虑各种因素，选择合适的固体推进剂并确定合理的燃速范围。

🎈 **小故事**

　　在当时的时代背景下，张存浩所从事的水煤气合成燃料研究不仅在国内属于前沿领域，在国外也是高度机密的项目，文献资料稀缺，研究难度极大。然而，面对这些困难和挑战，张存浩展现出了非凡的毅力和决心。他深知这项研究对于国家的重要性，因此废寝忘食地投入研究，查阅大量资料，不断思考、探索。即使面对实验的毒性和爆炸危险性，他也从未退缩，总是冲在一线，亲自操作、亲自观察，以获取最准确的数据。张存浩在火箭推进剂方面的研究受到了周恩来、陈毅等国家领导人的高度期许。然而，他并未因此而骄傲自满，反而更加谦虚谨慎，对待每一次实验都极为认真。他深知，这项研究不仅关乎个人的荣誉，更关乎国家的安全和未来。在一次火箭试车台的燃烧试验中，张存浩与同事遇到了巨大的危险，情况十分危急。然而，他们凭借过硬的专业素养和临危不惧的勇气，成功关闭了阀门，避免了一场可能发生的灾难。这次经历不仅展现了张存浩的勇敢和智慧，也再次证明了他对科研事业的忠诚和担当。在大量试验的基础上，张存浩与合作者提出了固体复合推进剂的表面多层微火焰燃烧模型和理论，并首次揭示了侵蚀燃烧现象中临界流速存在的根源，这一成果在国内外产生了深远影响。这是对中国科研实力的一次有力证明，也是对张存浩及团队辛勤付出的最好回报。张存浩的故事告诉我们，科研事业需要勇气和毅力，需要不断探索和创新。只有那些敢于面对困难、敢于挑战未知的人，才能在科研的道路上走得更远、站得更高。同时，我们也应该铭记那些为国家作出杰出贡献的科学家们，正是他们的努力和付出，才让我们的国家更加强大、更加繁荣。

张存浩的研究对我国的航天工业产生了重要影响。1970年4月24日，长征一号运载火箭将我国第一颗人造卫星"东方红一号"送上太空。后来，为了发射更大质量的航天器，我国在长征二号运载火箭的基础上又开发了长征二号丙和长征二号丁运载火箭。同时，还在长征二号丙运载火箭的基础上开发了长征二号F和长征四号运载火箭。尽管它们体形大小不一，功能各异，但采用的推进剂是一样的。

为了发射地球同步轨道通信卫星和导航卫星，我国开发了长征三号系列火箭。地球同步轨道与常见的近地轨道不同，它拥有很高的高度，对于火箭推进剂的比冲有极高的要求。比冲最优秀的高性能推进剂非液氢-液氧莫属。然而，我国当时没有资金也没有技术能力开发大推力液氢-液氧火箭发动机，因此航天专家们采取了折中方案，即火箭的第一、第二级采用可贮存推进剂（与长征二号一致），第三级换用液氢-液氧低温推进剂以提高火箭性能。因此，我们看到电视转播上，长征三号运载火箭（运载"嫦娥三号"）只有在顶上的第三级会出现低温推进剂特有的水雾。

液氢-液氧推进剂引发的水雾

随着我国航天器发射次数的增多和火箭技术的进步，研制新火箭以替换现有长征系列火箭的需求越来越迫切。老一代长征火箭最令人诟病的缺点便是可贮存推进剂有毒，因此，在研制新一代长征火箭，也就是长征五号、长征七号火箭时，无毒、无污染推进剂成为一项关键的技术要求。我国工程师对此给出的答案是液氧-煤油推进剂和液氢-液氧推进剂的组合。在长征五号火箭上，这两种推进剂同时被采用。助推器选用液氧-煤油推进剂，火箭的第一、第二级则采用性能更高的液氢-液氧推进剂。而在长征七号火箭上，助推器与火箭

4个助推器的淡蓝色液氧-煤油火焰与芯一级的橘黄色液氢-液氧火焰泾渭分明

第一、第二级均采用了液氧-煤油推进剂，有效降低了成本。同时，为了满足小卫星的发射需求，我国研制了长征十一号运载火箭，采用固体推进剂以方便火箭的储存、运输与发射。

## 🧪 科学贡献

从20世纪50年代开始，张存浩致力于水煤气合成液体燃料的研究，到60年代专注于固液火箭推进剂研究，再到70年代开创了中国化学激光研究，主持研制出中国第一台氟化氢（氘）化学激光器。回顾张存浩的研究生涯，基本以10年为一个阶段，每个阶段有不同的研究方向，但是都有一个共同目标，就是以国家当下的发展为前提，满足国家发展需求。

张存浩曾说过："科研工作必须一丝不苟，你的工作要经得起时间考验，过多少年回头再看脸不红才行。"正是在这样的科研态度引领下，他每次的研究都做到了竭尽全力，追求极致。这位物理化学家和激光化学家，以其卓越的研究成就和对国家发展的杰出贡献，成为我国科研领域的一颗璀璨明星。他的研究不仅涉及火箭推进剂和发动机燃烧等国防高科技领域，还包括化学激光和基础理论研究等前沿科学问题，其成果在国际上产生了广泛影响。在火箭推进剂和发动机燃烧研究方面，张存浩提出的固体复合推进剂的表面多层微火焰燃速理论，是他在科研领域的一次重大突破。这一理论不仅揭示了固体推进剂燃烧过程中的复杂现象，还为火箭发动机的设计和优化提供了重要的理论依据。此外，张存浩还主持了中国第一台超音速扩散型氟化氢（氘）激光器的研制工作。这是一项极具挑战性的任务，需要克服众多技术难题。然而，在张存浩的带领下，研究团队取得了突破性进展，研制出了性能达到当时世界先进水平的激光器。这一成果不仅为中国国防高科技事业作出了重要贡献，还为我国在激光技术领域的发展奠定了坚实基础。除了在应用研究领域取得显著成就外，张存浩还非常注重基础理论研究。他在国际上首创了研究极短寿命分子激发态的"离子凹陷光谱"方法，这一方法的创立不仅为分子激发态的研究提供了新的手段，还推动了相关领域的发展。他用该方法首次测定了氨分子预解离激发态的寿命为100飞秒，这一成果被《科学》列为亚洲代表性科研成果之一，充分展示了中国科研人员在基础理论研究方面的实力和水平。张存浩不仅为国家的发展作出了重要贡献，也为我国的科研工作者树立了榜样。

张存浩传承了姑父作为化学教育家的精神，非常注重科技人才的培养，他以发现和培养人才为己任，激励青年人青出于蓝而胜于蓝，在引进和支持科技人才方面倾注了大量心血。几十年来，张存浩不仅在科研领域取得了卓越成就，而且深谙人才是科研事业发展的核心力量。他积极推动制定和实施资助青年科学家成长的政策和制度，致力于营造有利于创新的科研环境，为优秀青年科学家的快速成长提供了广阔的发展空间。在担任国家自然科学基金委员会主任期间，张存浩敏锐地意识到中青年科技人才在推动国家科研事业发展中的关键作用，他倡导并设立了"优秀中青年人才专项基金"，这一举措不仅开创了国内人才计划资助的先河，更为培养具有国际影响力的科学家奠定了坚实基础。张存浩深知人才资助对于科技创新的重要性，他两次致信时任国务院总理李鹏，建议由政府出资设立专项基金，以支持中青年科技人才的发展。这一建议得到了相关部门高度重视和采纳，最终促成了"国家杰出青年科学基金"的设立。这一基金不仅吸引了众多优秀的海归科学家，也稳定了国内的高层次青年科技人才，为建设创新型国家培养了一批科技领军人才。在张存浩的推动下，"国家杰出青年科学基金"在培养青年人才、推动科技创新方面

发挥了不可替代的作用。一批又一批的优秀青年科学家在这项基金的资助下，迅速成长为科研领域的骨干力量，为我国科研事业的发展注入了新的活力。张存浩对青年科学家成长的重视和推动，不仅体现了他对科研事业的深厚感情和高度责任感，也展现了他作为一位杰出科学家的远见卓识和胸怀大局。他的贡献不仅在于个人的科研成就，更在于他为我国科研事业的可持续发展培养了一批批优秀的青年人才。张存浩不仅是一位时刻心系祖国的科研大家，更是一位致力于培养人才的教育家，为中国的人才培养作出了杰出贡献。

## 程开甲

# 开创中国核能新纪元

科学家简介

程开甲（1918－2018年）

我国著名物理理论学家、"两弹一星功勋奖章"获得者、"中国核司令"

中国科学院院士

2013年度国家最高科学技术奖获得者

编写我国第一部专门研究固体物理的著作《固体物理学》

提出"TFDC"（托马斯－费米－狄拉克－程开甲）电子理论

## 知识拓展

### 程开甲的故事

有一位科学家，他将自身的知识和努力投入中国西部的罗布泊，那里充满了神秘色彩，也是中国核试验的关键地点。在那里，他不但亲自参与中国的原子弹和氢弹的研发，而且凭借他在科学领域的深厚基础，为这两种武器的成功爆炸提供了关键的理论支持。他是谁？他就是被誉为"两弹一星"功勋科学家的程开甲，在中国核科学史上，他是一个传奇般的存在。他所做的工作和取得的成绩，都倾注了他对发展我国国防科技和核能事业的心血。

年轻时候的程开甲喜欢读书，特别是名人传记，他读过伽利略、牛顿、爱因斯坦等人物传记，这些科学家们的真知灼见及他们对祖国的热爱，令他心潮澎湃。这些科学家的故事像磁铁一样吸引着程开甲，并且这些书籍加强了他的责任感和使命感，促使他慢慢地树立了长大后也要成为科学家的理想。从这些科学家的经历中，程开甲总结出勤奋和善于思考这两个成功的要诀。

## 科学发现

### 初探固体物理领域

20世纪30年代，程开甲在浙江大学求学，在老师们的引导下，他一步步了解物理学的奥妙，慢慢步入恢宏的物理学殿堂。

1952年，程开甲在南京大学撰写了专著《固体物理学》，利用当时理论物理的新成果和新方法，探索固体物理领域，弥补了我国高等院校教材在这方面的空白。

1956年，中国科学院原子能研究所所长钱三强号召各省、各大专院校分别成立原子能研究所和核物理教研室，以推动原子能技术的发展。南京大学积极回应，成立了核物理教研室，程开甲带领年轻老师根据国外学者发表的一篇论文，成功研制出一台双聚焦β谱仪（同时备有静电场离子分析器和磁场质量分析器，因而使仪器同时具有能量聚焦和方向聚焦的双聚焦功能），这标志着南京大学首次拥有核物理实验设备。

1960年，程开甲接到去北京报到的通知，到达目的地后，他才知道自己的任务是参与原子弹的研究。从那时起，程开甲开始参与我国核武器研究。

## 踏入核武器研究领域

1958年，北京成立核武器研究所并开始筹备工作。经钱三强推荐，程开甲以第三技术副所长的身份进入核武器研究所工作，这也标志着他正式踏入核武器研究领域。

程开甲最初的研究工作涉及多个方面，如理论设计、爆炸物理、中子物理与放射化学、引爆控制系统、结构设计等。程开甲主要在两个关键领域即状态方程理论研究和爆炸物理研究发挥重要作用。

在状态方程理论研究方面，程开甲深入研究了物质在高温、高压下的状态变化规律。他通过对物质状态方程的研究，为原子弹的设计提供了重要的理论基础，也揭示了核材料在爆炸过程中能量释放的规律，为原子弹的爆炸效果提供了科学依据。

在爆炸物理研究方面，程开甲致力于研究炸药爆炸过程中的物理现象，包括爆炸波的传播、爆炸产物的运动等。这些研究为原子弹的引爆控制系统提供了关键技术支持，使得原子弹能够在精确的时间内实现爆炸，达到预期的毁伤效果。

1960年春节过后，程开甲带领一批年轻人，开始了对爆炸产物状态方程的深入研究。经过半年的不懈努力，这支年轻的科研团队克服重重困难，终于首次利用科学的TFD模型（一种用于描述流体和热力学过程的模型），精确估算了原子弹核心在化学爆炸作用下的压力和温度分布，这对于整个原子弹设计的力学计算起到了决定性的作用。

为什么会起到决定性的作用呢？由于化学爆炸是指在化学反应中放出大量热能和气体产生的爆炸现象，在化学爆炸中，压力和温度的分布会随着时间和空间的变化而变化。

一般来说，在化学爆炸发生的瞬间，爆炸产生的气体会迅速膨胀，导致周围气体和物质受到巨大的压力和温度影响。原子核心在原子弹爆炸时可能处于高温、高压的环境中，但具体的压力和温度分布会受到多种因素的影响，包括反应物的性质、爆炸的能量释放速率、环境条件等。

TFD模型通过考虑热力学和流体动力学原理，模拟和计算原子核心周围在化学爆炸过程中的压力和温度分布。这有助于科学家和工程师更好地理解爆炸过程中的物理现象，指导爆炸安全性评估和控制措施的制定。

## 小故事

　　在1962年初秋，程开甲组建了核武器试验研究所，并全面监督所有与核武器测试相关的技术活动。程开甲精心规划了研究结构，创建了5个研究室，分别为冲击波研究室、光测量研究室、核测量研究室、自动控制与电子学研究室、理论计算研究室。随后，因应地下核试验的特殊性，程开甲又增设了第六个研究室。

　　这种研究结构被证明是极具前瞻性的，因为它不仅满足了当时的科研需要，而且将核物理和放射化学拆分成两个独立的研究室，适合核试验的工作。这一体系一直沿用至今天，成为核武器试验研究所的基础架构。后来这种组织布局被称为"程氏划分体制"，它确立了一种高效且持久的科研组织模式，推动了国家核武器研发能力的进步和提升。

策划中国第一颗原子弹的爆炸试验方案，是程开甲组建核武器试验研究所后面临的第一项任务。但是，程开甲和团队在讨论的过程中，面临着一个关键的问题：用什么样的方式引爆第一颗原子弹？当时，已经由第二机械工业部九局提出了国家一号试验品试验项目的初步建议和准备工作清单，也就是用空投的办法进行原子弹试验。

对于首次核试空爆模式，程开甲持保留态度。经过深思熟虑，他提出了3条反对空投方案的理由：一是技术难度加大，原子弹爆炸时难以精确判断各种效果的空中核爆对试验同步、瞄准等方面的影响；二是无法确保执行空投任务的飞机可安全返回，具有很高的风险；三是空爆可能带来保密性方面的风险。

基于这些理由，程开甲否定了空投方案，为后续的试验方案选择提供了重要的决策依据。这一决策体现了他对试验细节的严谨思考，以及对试验成功和安全性的高度重视。

在确定空爆方式不适合作为中国第一颗原子弹试验的方式之后，程开甲经过周密的论证分析，提出了一种新的方案——百米高塔爆炸方式。这一方案的核心是将核装置放置在一座高度为百米的铁塔上进行爆炸试验，也就是采用一种静态试验方法。

1962年，程开甲主持起草的《国家第一种试验性产品试验初步技术方案》正式形成文件，其中明确提出采用这种非动态的试验方式，即采用引爆塔的方式，对我国第一颗原子弹进行试验。

这一技术方案经评审后上报国防科委，国防科委对这一方案进行了审查，并很快予以批准。这一过程展示了程开甲的专业判断和方案规划能力，以及国防科委对新方案的高效响应和信任。

随后，程开甲带领他的科研团队提前六个月抵达了位于罗布泊的核试验场。被称为"死亡之海"、气候条件极为恶劣的罗布泊地区，往往被认为是一个全球罕见的陆域生命禁区。

然而，对于程开甲和团队来说，紧迫的任务进度让他们无暇顾及环境的严酷。随着调试工作的紧张进行，程开甲亲自深入现场的每一个角落，监督进程，确保所有细节都经过严格检查，任何微小的问题和疑虑都不放过，展现了他对试验成功的坚定信念和极高的专业精神。

## 氢弹试验

成功的静力核装置试验证明，中国已经掌握核技术，中国首颗原子弹的试验采用了百米高塔爆炸方式。但究竟中国有没有核武器可供实战使用，还要进行空爆试验，而且还要对结果进行观察，才能确认。空爆试验是核试验的一种方式，将核装置投放到预定高度，利用飞机和其他载具引爆。

原子弹有了，氢弹也要跟上。氢弹和原子弹是两种不同的核武器，它们的威力的确相差悬殊。人们形象地将两者关系比喻为"原子弹不过是氢弹的火柴头而已"，这是因为氢弹（又称为热核武器或聚变弹）是一种通过核聚变反应释放能量的武器。与原子弹（核裂变武器）相比，氢弹的威力更大，爆炸产生的能量更高。因此，氢弹通常被认为是核武器中威力最大的一种。

在设计和进行氢弹试验时，铁塔高度和试验场地条件是两个重要的影响因素。铁塔需要足够高，以便在爆炸时将氢弹提升到足够的高度，使得爆炸产生的冲击波和辐射能够在空中扩散，降低对地面的影响。试验场地需要具备足够的空间和安全距离，以确保试验过程中不会对人类和环境造成严重影响。

进行氢弹试验时，还需要考虑对周围环境的影响。氢弹试验时，由于爆炸产生的烟尘和气流向周围环境扩散，会产生大量放射性物质，造成放射性沉降。需要对爆炸高度进行调整，使爆炸产生的放射性物质在高空扩散，减少对地面的冲击，这样才能最大限度地减少核试验场区的放射性沉降影响，以及在下风向附近区域的放射性沉降影响。如选择在封闭环境中进行爆炸试验，可减少外界环境受到放射性物质的影响。在试验前后要加强对周边环境的监测，评估放射性沉降的风险，并及时向附近居民发布预警信息，确保人员安全。最后，在试验后对受影响区域进行环境治理，清除放射性污染物，降低对生态系统和人类健康的影响。

程开甲提出了两个具有开创性的意见，即关于全当量氢弹空投试验的意见。首先，他提出了火箭取样的新方法，在试验中，为了获取氢弹爆炸后产生的烟云和其他物质的样品，传统的方式可能会受到飞行高度的限制，难以确保得到"干净"的样品。程开甲提出利用火箭进行取样，这种方法可以通过发射火箭到爆炸云层中，从而解决了飞机受高度局限的问题，可有效地获取到需要的样品。其次，考虑到氢弹爆炸带来的威力和烟云高度等因素，程开甲提出了投弹飞机飞行路径的新方

向。在试验过程中，可对飞行高度、飞行速度、飞行轨迹等参数进行调整，以确保飞机安全执行任务，同时最大限度降低飞行员受到的辐射剂量和承担的风险，保障其安全性。

这两个首创性意见体现了程开甲对试验安全和科学研究的综合考量，在提高试验效率的同时，最大限度地保障参与人员的安全。这些创新举措为后续的类似测试提供了宝贵的经验，并提供了指导性的建议和意见，这些都是值得借鉴和参考的。

## 地下核试验

作为地下核试验的积极倡导者和推动者，程开甲深知这种试验方式存在的某些不足之处，但他深信，地下核试验是未来中国核武器发展的必然趋势，也是中国核武器发展的方向。他认为地下核试验相对于其他形式的核试验具有一定的优势，例如可以更好地控制试验环境、减少辐射泄漏对环境和人类的影响等。

地下核试验必须在技术上突破"封、取、抗、测"四关。

封：确保地下核试验区域能够完全密封，防止辐射物质泄漏到地表或周围环境中，减少辐射危害。

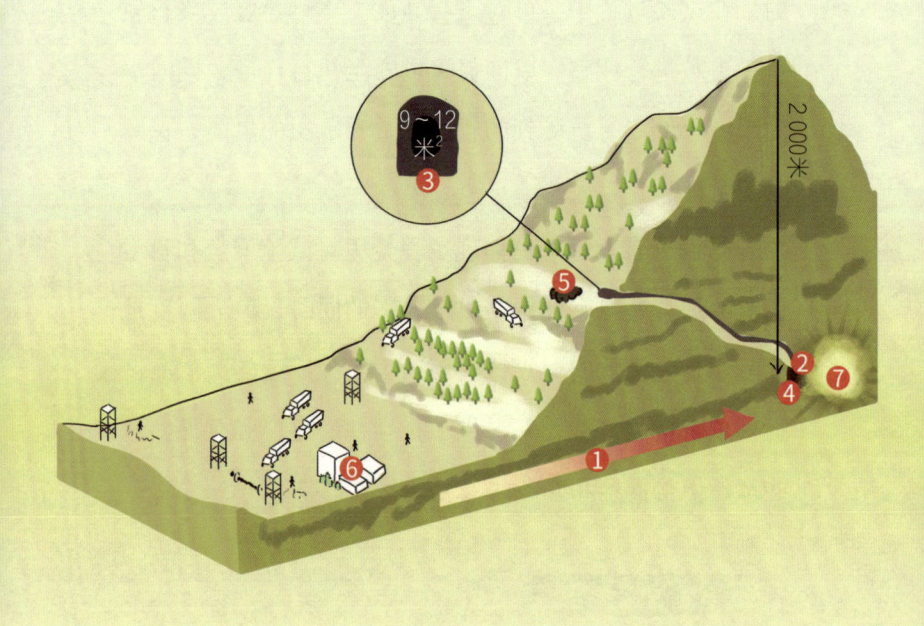

地下核试验

取：在核试验后能够及时、准确地采集地下岩土样本，以便分析核爆炸的效应和影响。

抗：要求地下核试验设施具备良好的抗震性能，能够承受核爆炸引起的地震波及其他冲击。

测：需要进行精确的测量和监测，记录地下核试验过程中产生的各种数据，以便评估试验效果并进行后续分析。

## 知识拓展

### 地下核试验

首次地下核试验采用了平洞方式，即核爆炸装置被放置在地下挖掘的一条满足试验安全要求的水平坑道中。这种方式可以有效地限制核爆炸引起的辐射和冲击波在地下传播，降低对地表和周围环境的影响。同时，在爆室、测试间和测试廊道放置核弹和各种探测仪，采取严格的安全控制和监测措施，以确保试验安全进行并获取准确的试验数据。

在进行完地下核试验后，需要对试验区域进行两步操作：一是回填，将挖掘出的土壤、岩石等物料重新填充至洞穴或隧道中，以恢复地表原貌；二是堵塞，回填完成后，在洞口或隧道入口设置堵塞物，如混凝土、钢板等，以防止地下辐射物质泄漏到地表或周围环境中。

最后，需要对试验区域进行持续监测，以确保没有辐射物质泄漏或其他安全隐患，同时也可用于后续对地下核试验效果和影响的评估。

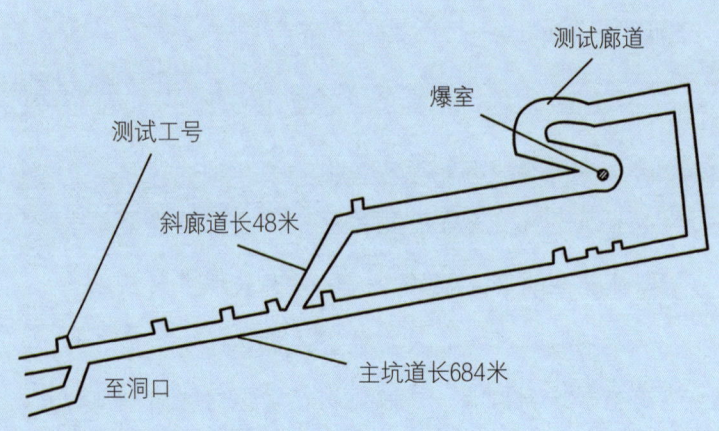

测试廊道

爆室

测试工号

斜廊道长48米

至洞口

主坑道长684米

平洞方式核试验鱼钩形坑道布局

　　程开甲带领团队在理论研究和计算分析的基础上，与力学测试室和基地工程处一起进行化爆模拟实验。试验时，堵塞物全部被高压气体冲出，果真像“放枪”一样，除此之外还会遇到“自封”“冒顶”等安全问题。

**放枪**

　　放枪通常用来形象地描述地下核试验中核爆炸释放的巨大能量和压力效应，其导致地下洞穴或隧道中的岩土材料受到极端压力和冲击，类似于枪支发射子弹时的爆发力和冲击效果。

**自封**

自封指的是在一些情况下，核爆炸释放的能量可能会导致地下通道或洞穴部分自行封闭，形成不可逆的地质变化，这可能会对周围地貌和地下结构产生不可预测的影响。

**冒顶**

冒顶指的是核爆炸产生的高压冲击波可能导致地下洞穴或隧道的顶部受到巨大冲击而发生坍塌，形成冒顶现象，这可能会导致地表的沉降和塌陷。

我们来举个例子，这就好比一个深管炮从洞里打出来，利用核爆炸瞬间产生的热量将洞内岩石熔融，再利用冲击波的巨大压力在瞬间将融化物封在爆室末端，根据理论计算，自封时间一般为0.4秒，而如果自封效果不好就会造成放枪，根据计算能打出1.2千米，最大污染距离为3~4千米。

程开甲及团队在试验过程中，一遍又一遍地试验，一点点地加深理解，一点点地积累心得。

1969年9月23日零时15分，一阵惊天动地的巨响后，莫合尔山地区突然遭受了一场剧烈的地震袭击，好像一阵剧烈的波动从地底袭来。实际上，这标志着地下核试验在我国首次成功进行。

在地下核爆成功后，程开甲和团队决定进入地下进行爆炸试验，以获得有关地下核爆各方面情况的第一手资料。这一举动在我国具有开创性意义，因为要面临巨大的危险和挑战。原子弹爆心区域存在高强度的辐射场，周围环境和土壤受到放射性污染，同时核爆炸产生的冲击波、高温等物理效应可能导致地下结构发生变化，存在建筑物倒塌、地质变动等危险。

地下二次核爆发生后，程开甲和他的队友们身背试验仪器，匍匐着钻进一个直径仅80厘米的小管洞，向爆炸形成的巨大空间进发。他们全副武装，与高温相伴、与汗水为伍，尽管困难重重，他们依旧义无反顾，获得了丰富的数据，获取了我国地下核试验的第一手资料。

地下核武器弹头试验在爆炸当量（用来衡量炸药爆炸的威力相当于多少质量的单位）达到一两万吨时可以采用地下平洞方式进行。但是，当爆炸当量达到5万吨、10万吨时，不仅限于地形条件，高山平洞的选择将受到限制，工程作业也将受到影响。早在20世纪50年代初，美国、苏联就开始采用竖井方式进行核试验。面对这一现状，程开甲意识到中国的核试验也需要走这条道路，于是及时提出在竖井中进行我国首次核试验的建议。

竖井核试验是指在地下挖掘一个垂直通道（竖井），将核装置放置在通道底部，然后引爆核装置以进行核爆炸试验。由于井区地下水位极高，排水工作变得异常困难。在这种情况下，程开甲积极面对挑战，设计了一套独特的"全水位"试验方案。这个方案指的是在进行核试验时不进行排水处理，而是让试验场地保持原有的水位状态，以此应对地下水位高、排水困难的情况。

1978年10月14日，我国首次竖井地下核试验成功。

为了确保中国核武器研发不受国际局势波动的影响，并为中国在国际舞台上争取更多话语权，程开甲提出将核试验从大气层转移到地下的建议，成功克服了大气层核试验面临的技术挑战。

程开甲在1962年到1984年这20多年中，担任了我国核试验技术整体工作的主要领导者和决策者。他主持并参与了30余次不同种类的核试验。

他带领团队深入研究核爆炸过程的20多年，提出相

关物理模型和理论，建立了完整的核试验技术路线和安全规范，推动了核爆炸效应研究领域的发展，这对核武器的设计和保护措施的改进至关重要。这些理论在我国核试验的设计、安全措施、试验诊断和效应研究等方面都得到了验证和完善，并在历次核试验中成为重要的基础材料。他的研究成果为我国核武器的设计改进提供了坚实的支持，增强了国家的防御能力，确保了我国在这一敏感技术领域的独立自主地位，促进了科技进步。

程开甲说："我不回国，可能会在学术上有更大的成就，但绝不会有像现在这样幸福的感觉，因为我现在做的一切，都和祖国紧紧地联系在一起。"

## 科学贡献

程开甲少年立志，用一生践行着科技兴国的理想。作为我国核武器研究事业的开拓者之一，他用20多年的时间，在戈壁大漠，做隐姓埋名人，干惊天动地事。

他在双带理论、核试验、抗辐射加固、超硬材料等研究领域都有卓越的贡献。在核试验任务中，程开甲不断取得新突破。20多年里他参与主持决策了首次导弹核武器试验、首次氢弹试验、首次竖井地下核试验等30

多次核试验。为了掌握重要的技术，程开甲每次都会到最艰苦、最危险的一线去工作，甚至进入最危险的核试验爆心。他建立发展的中国核爆炸理论，成为中国核试验总体设计、安全论证、测试诊断和效应研究的重要依据。20世纪90年代以来，程开甲不顾年迈，仍在材料理论、高功率微波方面继续进行研究。

"科学技术研究，创新探索未知，坚韧不拔耕耘，勇于攀登高峰，无私奉献精神。"这是程开甲曾经写下的几句话，也正是程开甲百岁科学人生的自画像。

# 于　敏

## 一声巨响惊诧世界

科学家简介

于敏（1926－2019年）

我国核科学事业的先驱者、"两弹一星功勋奖章"获得者、"中国氢弹之父"

2014年度国家最高科学技术奖获得者

"共和国勋章"获得者

中国科学院院士

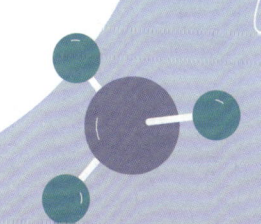

超导"玩家"的科学梦

## 知识拓展

### 于敏的故事

1964年，我国第一颗原子弹在新疆罗布泊爆炸成功。相隔2年8个月，我国第一颗氢弹也在罗布泊的空中爆炸成功！原子弹和氢弹的"横空出世"，背后隐藏了许多科学工作者的智慧和心血。你知道他们都有谁吗？你可能会想到钱学森、邓稼先、钱三强这几位著名科学家，但还有一位科学家也作出了巨大贡献，却一直默默无闻。他曾"隐姓埋名"近三十年，直到1988年，他的名字和工作才被解禁，他就是于敏。即使在解禁后，了解他的人也不多。但只要我们翻开新中国历史中"氢弹研制"的那一页，就能看到在他沉默的人生中做出了惊天动地的事业。

于敏从小就喜欢读书，尤其是中国古典小说，他非常崇拜书中那些英雄人物，比如鞠躬尽瘁死而后已的诸葛亮、精忠报国的岳飞等。在成长的过程中，他在书中看到的是世界科学的蓬勃发展，也感受到了自己的祖国正被列强欺凌的屈辱，这让于敏产生了强烈的爱国情怀，从小就立下"科学救国"的远大理想。

## 科学发现

### 从研究原子弹到研究氢弹

中华人民共和国成立之初，我国在核物理方面的理论研究比较薄弱，对国际上的研究进展了解甚少。这时候的于敏，刚刚以优异的成绩获得硕士学位，之后被分配到中国科学院近代物理研究所，从事原子核理论研究。于敏非常好学，在工作时虚心向周围的人请教，像海绵一样持续吸收知识。作为理论研究组中年龄最小、资历最浅的成员，于敏一头扎到文献堆里，开始广泛了解国际上核物理研究的进展。正如彭桓武先生评价，"真正钻进去了的只有于敏。"凭借过人的天赋和不懈的努力，于敏很快站到了我国原子核物理发展的最前端，在这一领域作出了巨人贡献，填补了我国原子核理论的空白。

但是，一些国家已经不满足于制造原子弹，开始研制比原子弹的威力还大数百倍的氢弹。虽然原子弹也可以装备军队，但是性能较差，国际真正意义上的战略核武器是氢弹。

在当时的国际环境下，中国面临着严重的安全威胁。为了能切实维护国家的主权独立、领土完整和国家安全，氢弹的研制迫在眉睫。由于氢弹远比原子弹复杂，为了争取在突破原子弹的工作后，能尽快地突破氢弹的研究，国家决定将研制原子弹和氢弹的任务分成两部分，同时进行。

1961年，钱三强找到了于敏，希望他从研究原子弹转为研究氢弹，作为副组长领导轻核理论组，参加氢弹理论的预先研究工作。为了国家和民族赋予的时代使命，于敏毫不犹豫地接受了组织分配的任务，投身到祖国最需要的事业中。对于这个决定，于敏从未后悔，他在晚年回忆道："这次变化，改变、决定了我的一生，30年中，我一直深入实际，昼夜思虑，全力以赴。中华民族不欺侮旁人，也绝不受旁人欺侮，核武器是一种保障手段。这种朴素的民族感情、爱国思想一直是我的精神动力。"

接下任务后，于敏便马上开展工作。然而那时，氢弹的原理和制造技术是有核国家的最高机密，我们知道和了解的很少，没有可供参考的资料。想完全靠自己来突破氢弹的研究，难如登天！科学家们只能从最基础的概念研究和原理探索开始。

## 知识拓展

### 原子弹和氢弹

要研究原子弹和氢弹，先要了解其原理，原子弹的原理是核裂变反应。

我们知道，原子是所有物质的基本组成单位，它由一个原子核和围绕着原子核旋转的一些电子组成，其中的原子核，由质子和中子组成。正常情况下，原子核是比较稳定的，很难发生分裂。

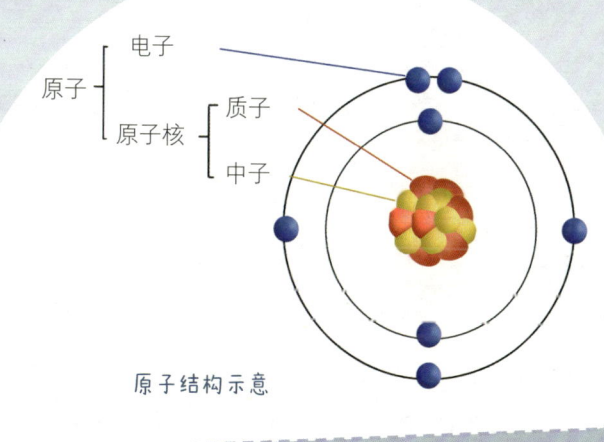

原子结构示意

怎样使原子核发生裂变？我们先进行第一步思考，什么样的原子核容易裂变？"轻的"还是"重的"？"稳定的"还是"不稳定的"？我们很容易想到：重的、不稳定的原子核可能更容易分裂。所以，我们把目光转向了自然界中能够找到的最重元素——铀。它的原子核较重，且铀-235比较不稳定，现在已经是被广泛使用的一种原子弹材料。

如果用中子去撞击铀原子核，使原子核发生分裂，就会释放出巨大的能量。分裂时，还会产生3个新的中子。3个新中子去撞击其他3个原子核，就会引发其他原子核也开始分裂，使得反应像链条一样传播，产生越来越多的能量，这样的过程被称为"核裂变反应"。

为什么原子核裂变时会产生巨大的能量呢？它的原理是什么？这就要靠爱因斯坦提出的质能方程为我们答疑解惑了（$E=mc^2$，其中：$E$表示物体的静止能量，$m$表示物体的静止质量，$c$表示光速）。这个方程告诉我们，质量可以转化为能量。把一个物体的质量乘以光速

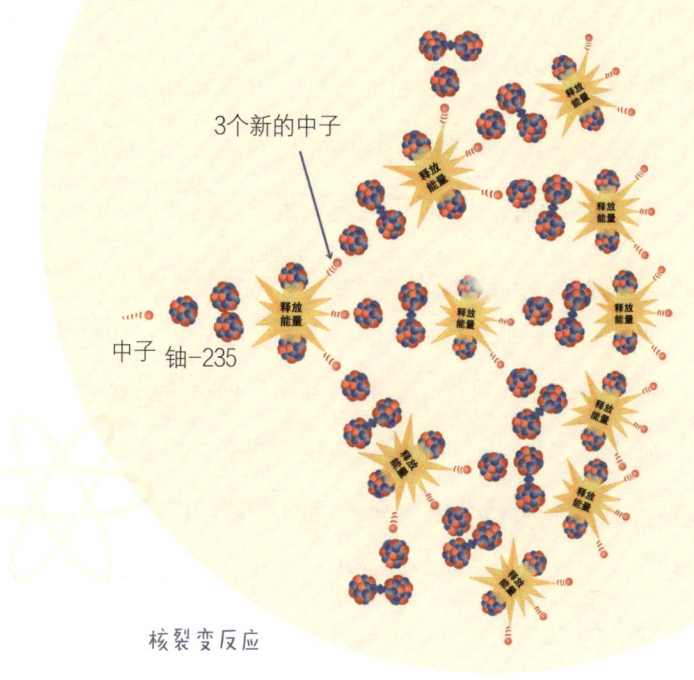

3个新的中子

中子 铀-235

核裂变反应

的平方后，得到的数值，就是这些质量等价的能量。原来，原子弹在发生核裂变的反应过程中，被撞击分裂形成的2个新原子核的总质量，会比原来原子核的质量小一些，损失的这部分质量就转化成爆炸的能量。原子弹发生爆炸后，虽然损失的质量只有百分之零点几，但是根据爱因斯坦质能方程可知，一点点的质量就可以释放出巨大的能量！

原理听着好像不那么复杂，可为什么世界上只有少数国家能制造原子弹呢？其实，原子弹的研制过程有好几道难关。首先，是原材料的问题。铀-235虽然存在于天然铀矿中，但是含量非常低。想要制造一颗原子弹，就需要把从天然铀矿中提炼出的铀-235浓缩成高浓度铀，这是制造原子弹最关键、最核心的技术，绝大部分国家无法实现。其次，撞击后产生的3个中子，如何保证它们会"乖乖地"去撞击下一个原子核，而不是逃脱到外面去呢？这便需要我们制作一种特殊的容器来"束缚住"这些中子。最后，要让核裂变反应能够一直进行下去，铀-235必须达到一定的质量，即超临界质量。在储存时，为了避免爆炸提前发生，达到超临界质量的铀-235也必须分成两部分存放，这对原子弹的设计提出了更高的要求。

那么，氢弹的原理是什么呢？氢弹的原理是核聚变反应。

## 知识拓展

### 核裂变原理

不同于原子弹爆炸利用的核裂变原理，氢弹的原理是：让2个或多个"较轻的"原子核聚合成1个或多个"较重的"原子核，这个反应被称为"核聚变反应"。"氢"是所有元素中最轻的，自然成为核聚变反应的最佳材料。在氢弹中，我们使用了2个氢的同位素（氘、氚），让它们聚合形成氦元素。爆炸后原子总质量小于爆炸前的总质量，根据爱因斯坦质能方程，损失的这部分能量转化成巨大能量释放出来。这种能量比核裂变产生的能量强大得多，太阳的能量也是由核聚变产生的。

通常情况下，2个原子核是无法融合的。但科学家们通过研究发现，在高温、高压的环境中，原子核可以靠得非常近，或许可以发生聚变反应，因此氢弹又被称为"热核武器"。但这种反应需要高达上亿度的超高温，比太阳中心的温度

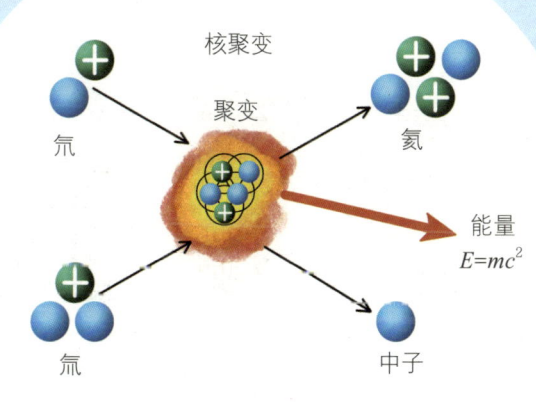

氢核聚变的反应过程

还高，已经远远超出了人类的想象，如何才能制造出这样高温、高压的环境呢？

人们想到了利用原子弹，把它作为点燃氢弹的"扳机"。首先，利用普通炸药点燃原子弹，使其开始发生核裂变反应，这是氢弹的"初级爆炸"。原子弹爆炸后会产生极高温、高压的环境，使氘和氚互相碰撞，引发氢的核聚变反应，同时释放出巨大的能量，即氢弹的"次级爆炸"。

了解了这些，你已经成为一个"小小氢弹专家"，比当时的科学家懂得还多了。在那个时候，于敏带领的研究小组一方面感受到祖国的迫切需求，另一方面是对

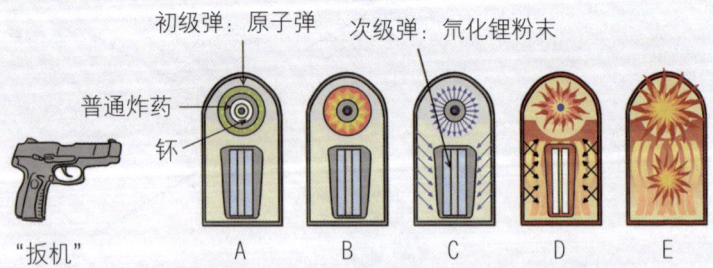

氢弹爆炸的反应过程

氢弹的一无所知，内心十分焦灼。于敏带领研究团队广泛阅读相关文献，搜集一切资料，对氢弹研究进行理论分析，从理解氢弹的最简单形式、最低级的基础开始，再逐步向更复杂和更高级的方向开展研究。通过大量的调查和分析，于敏抓住了正确的研究方向：首先明确了氢弹的爆炸是由于内部的核聚变过程，然后摸索核聚变反应所需要的条件——高温、高压。

在科学研究中，于敏并不是一个人闭门思考，而是十分注重收集实验过程的数据。但是大量的数据分析仅靠人和简单的计算器是难以实现的，还需要利用计算机来模拟数值的计算结果。那时，整个国家只有一台每秒万次的计算机。而这一台计算机的使用时间是严格分配的，95％的时间在进行原子弹的计算，仅剩5％的时间可以分配给氢弹设计组，于敏及其团队只能争分夺秒地进行实验。

1964年10月16日，我国第一颗原子弹在新疆罗布泊爆炸成功，表明我国拥有了独立设计和制造原子弹的能力，研制氢弹成为下一个目标。虽然第一枚原子弹研制成功，让我国的科学家们积累了一些相关的经验，但是氢弹的系统远比原子弹的复杂得多，我们并不能简单地把研制原子弹的经验用于氢弹的研究中。对于氢弹的研究，我们依然处在"摸着石头过河"的状态，曾多次陷入"山重水复疑无路"的境地之中。

于敏带领的团队十分重视学术民主，谁有想法就上台发言。正是在这种氛围下，小组成员才能提出许多氢弹的研制思路。为了验证这些思路是否可行，1965年9月至11月，于敏带领的氢弹研究团队奔赴上海华东计算所，利用国内另外一台每秒运算高达万次的计算机J501进行验证。

于敏和团队夜以继日地待在计算机房里，机器24小时运转，人也要24小时轮班值守。和现在的计算机不同，那时的计算机是通过打印二进制计算纸带来输出结果，科研人员要时刻检查纸带上打印出来的结果是否正常，在出现问题时需及时修正，否则便前功尽弃，也浪费了宝贵的上机时间。于敏经常到机房，埋头于输出的纸带卷中，他查看纸带速度很快，左手拖着纸带，右手

上海华东计算所的J501计算机和二进制计算纸带

娴熟地往上拉，扯过来的纸带瞬间又堆满了另一头，大量的纸带都快堆积成一座小山了。

于敏虽然重视计算机的作用，但并不是完全依赖它。1966年发生了一个"小插曲"：有一天，计算机的计算结果出现了不合理的现象，大家百思不得其解。为了搞清楚问题出在哪里，于敏首先仔细检查并分析了计算机产生的大量纸带，找到了最开始出现异常情况的地方。然后邀请专业人员共同排查计算程序的问题，一步一步缩小可疑的范围，最后才发现原来是一个计算组件出现了问题。经过紧急维修，重新尝试后，计算出来的结果是合理的，工作又可以重新开展。

事实证明，设计氢弹只有两种途径：一种是提高温度，这条道路我们已经探索许久都没有取得新的突破；另一种就是提高热核材料的密度，如果热核材料压缩程度比较低，就无法达到足够高的密度，那么氚中子就不能进行循环，也就达不到核聚变的临界条件。

那么接下来的问题是：如何提高热核材料的压缩密度呢？于敏想到了问题的关键——增加爆炸的能量。要实现这么大程度的压缩，依靠普通的炸药是行不通的，只能靠原子能。这一次，他们终于揪住了氢弹的"牛鼻子"。在抓住这个关键点后，于敏对比了原子弹爆炸时产生的各种能量形式的性质，还有其所占据的比例，通过不断地计算、分析和研讨，于敏和团队找到了一种易于操控的能量形式。

氢弹的热核反应（核聚变反应），需要用原子弹来引爆。理论上好像很简单，但是在实际操作中却极为困难。通过原子弹来引爆氢弹，需要对原子弹进行精确的控制，难度可想而知。外围原子弹的爆炸，稍有偏差都无法使热核反应被点燃，而且简单的包裹是不够的，必须创造原子弹爆炸产生的条件。因此，在氢弹研制过程中，设计氢弹构型是关键。美国、苏联和英国的氢弹构型主要为"T-U构型"，这是他们的最高机密，我们无法获取。

如何设计合适的氢弹构型，才能充分利用热核材料，让核聚变发生？关于氢弹的研制工作，于敏及其团队遇到了瓶颈。一天傍晚，于敏和组员在饭后散步时，提出了一个新的设想：原子弹释放的能量中有许多会产生破坏作用，但如果在结构设计上面避开这种破坏，是否可行呢？于是，他们马上回到计算机房进行计算。于敏不断地看着计算机出来的纸带，拿计算器算了又算，一步步计算看到的结果。

经过不懈努力，于敏带领团队发现了支持热核材料充分燃烧的关键元素，还有制造这些元素的关键技术。

至此，于敏和团队终于找到了实现氢弹自持式热核燃烧的关键，形成了从基本原理到构型的氢弹理论的完整设计方案。于敏设计的这种精巧结构，大大减少了原子弹爆炸中的能量损失，提高了核弹的利用率。计算机对模型的计算结果表明，如果控制了原子弹的能量，就能够制作出百万吨TNT当量级别的氢弹。于敏和团队的设计思路，把"扳机"从炸药改为原子能，形成了"氢弹初级-能量传输-氢弹次级"的原理和构型的基本方案。

紧接着，研究人员便开始马不停蹄地进行上百次的爆轰模拟实验，通过对实验结果的反复研究分析，他们一次次地修改理论模型，最后终于找到了最合理的设计模型，"于敏构型"就此诞生，氢弹的研制工作开始进入快车道。

值得关注的是，我国自主研发设计的"于敏构型"在技术上比国际通用的"T-U构型"更加先进，体积更容易实现小型化，更易长期储存，安全性更好，因此维护成本更低。时至今日，"于敏构型"仍然是世界上保密程度最高的机密之一。

作为理论专家，于敏还特别关注实验，能将理论研究与实验完美结合，被称为"最善于指导实验工作的理论家"。1966年12月，于敏和团队成员开展了氢弹的原理试验，试验结果与理论预估结果完全一致，非常成功，表明我国氢弹设计的"原理-材料-构型"这一完整的物理设计方案是可行的。

## 氢弹爆炸成功

1967年6月17日，一架战机驶过新疆罗布泊上空，投下了一个降落伞。伴随着雷鸣般的响声，大漠上空同时升起两个太阳，蘑菇云拔地而起，我国第一颗氢弹在

我国爆炸的第一颗氢弹

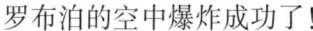

罗布泊的空中爆炸成功了！

虽然氢弹爆炸成功了，但是我们还没有完全掌握核武器的力量。爆炸的氢弹体积太过庞大，无法由导弹运输，很难应用到真实的武器装备中，处于"有弹无枪"的状态，只能算第一代核武器。

如何将氢弹转化为可用于实战的第二代核武器？关键在于，不断压缩氢弹头的体积和重量的同时，还要增加氢弹的威力，这样才能与相应的导弹适配。如此严格的条件，对氢弹的设计、结构和材料提出了极高的要求，这个工作与氢弹的研制一样艰巨。这次，于敏再一次被委以重任。1980年，于敏被任命为核武器研究所副所长，全面指导第二代核武器的研究与开发，他再一次肩负起对热核弹头武器化的原理设计工作。

机会，总是留给有准备的人。作为一个工作严谨、勤奋的科学家，于敏终身都保持着阅读文献、关注国外核科技发展的习惯。有一天，于敏在期刊上看到一篇关于"惯性约束聚变"的文章，他马上意识到这对核研究的重要性。我国虽然掌握了让氢弹爆炸的方法，但实际上，人类并不能控制氢弹爆炸时的反应过程。而惯性约束聚变，就像微型的热核聚变，这个过程是可控的。试想一下，假如把惯性约束聚变应用到核武器的研究中，相当于对核武器系统进行小规模、小尺度的模拟，那核武器的实验就可以在实验室开展，可以不再受场地的限制了。

正因为此项技术，在禁止核试验的时代背景下，我国可以利用惯性约束聚变，在实验室环境中进行核爆的模拟实验，进行核武器理论与实验相结合的研究，进一步发展核武器的综合性能。

第一枚洲际导弹
"东风五号"

经过于敏和研究团队的不懈努力，我国研制出了可配合中程、远程导弹使用的轻量化氢弹核头。1980年5月18日，第一枚洲际导弹"东风五号"在酒泉试验成功，标志着我国终于构建了完整的核威慑体系。

于敏不只具有渊博的学识，还有勇于创新的精神。在担任核武器研究所副所长期间，于敏还领导研制了另一种核武器——中子弹。氢弹爆炸时会产生大量的中子，科学家在一开始没有太多关注，态度的转变发生在一次氢弹爆炸实验后。

1961年，苏联试爆了人类有史以来威力最大的炸弹——"沙皇"氢弹，爆炸区内所有建筑均化为尘土，举世震惊。研究者们检测到爆炸时产生了大量的中子辐射（一种电离辐射，由自由中子组成），中子辐射破坏了大量的电子设备，人们这才意识到中子辐射的威力。如果把氢弹爆炸产生的中子利用起来，制作成"中子弹"又会如何呢？一些国家迅速开始行动起来。利用中子辐射制作而成的中子弹，爆炸产生的冲击波较小，辐射持续时间短，但是穿透能力强，可以迅速杀死人和动物，造成大范围的人员伤亡。

在当时，国际上很难找到任何关于中子弹的资料，研究工作难以开展。这时，于敏再一次凭借敏锐的观察力，从一张国外的报纸透露出来的"中子的杀伤能力远比热辐射产生的杀伤力厉害得多"等只言片语中，提取到重要信息，并据此开展摸索方向，最后确定中子弹的研究方向：为了减小冲击波的损伤半径，我们需要做到更小的当量和更多的中子数，提高穿透力。

最后，在于敏的指挥下，我国于1988年研制出了中子弹，这标志着我国的核武器技术又一次居于国际领先地位。

## 🧪 科学贡献

于敏是我国著名的核物理学家，中国核武器事业的重要奠基人，"两弹一星"元勋之一。在中国氢弹研究中，从原理到构型基本完整的设想，他起到了关键作用。

他领导并参加我国中子弹突破、核武器小型化、惯性约束聚变研究及其他核武器研制工作，在核武器基础理论发展、核武器发展战略、倡导和推动国防高科技项目等领域作出了卓越的贡献。

2015年1月9日，在北京人民大会堂里，2014年度国家最高科学技术奖颁奖仪式隆重举行，89岁的于敏成为最高科学技术奖的唯一获得者。2018年，于敏被党中央、国务院授予"改革先锋"称号，同时还被评为"国防科技事业改革发展的重要推动者"。

　　因为保密工作的需要，于敏的一生是沉默的，他"隐形"了近三十年。但是他的功绩，通过一声巨响震惊世界，轰轰烈烈地在新中国历史上刻下了浓重的一笔。他把青春和热血奉献给了我国的核物理研究事业，毕生献祖国，年华未曾负。于敏作的《抒怀》一诗中，"身为一叶无轻重""愿将一生献宏谋"就是他一生最好的诠释。

# 屠呦呦

# 第191号的发现

科学家简介

屠呦呦（1930年一　）

中国首位"诺贝尔生理学或医学奖"获得者、药学家

荣获美国"拉斯克临床医学奖"，以及葛兰素史克中国研发中心颁发的"生命科学杰出成就奖"

2016年度国家最高科学技术奖获得者

"共和国勋章"获得者

## 科学发现

2021年6月30日，中国正式获得世界卫生组织（WHO）颁发的国家消除疟疾认证，意味着中国已经成功消除了疟疾。而在20世纪40年代，中国曾每年有3 000万人感染疟疾。可想而知，疟疾是一种多么可怕的疾病，消除疟疾又是一项多么了不起的壮举。疟疾是什么？为何以前会谈"疟"色变？中国是如何战胜它的？屠呦呦又为何获得国家最高科学技术奖与"诺贝尔生理学或医学奖"呢？让我们一起回到20世纪寻找答案。

### 中药抗疟研究的开始

20世纪60年代，美国对越南发动了侵略战争。当时的越南战场上，枪林弹雨，每天都有无数的战士死亡。除了子弹枪炮，还有一种传染性疾病也在悄悄吞噬着战士的生命。感染这种疾病后的士兵，会出现发高烧和打寒战交替性发作的症状，不断经受冰火两重天的折磨。这可不是一场普普通通的感冒，而是一个致命且无形的杀手，病人病情严重时会出现昏迷、器官衰竭等情况，甚至死亡。这种病发病率最高的时候可以导致一个军团内近1/3的人失去战斗能力。这种肆虐在越南战场的传染性疾病被称为"疟疾"。除了越南，当时世界上的其他国家也饱受疟疾之害。

令人头疼的是，以往用来治疗疟疾的奎宁、喹诺酮都相继失效了，这可怎么办呢？如何才能阻止这种非战斗性减员？当时的越南政府十分困扰，在无计可施之时，越南在1967年向中国求援，在收到请求后，我国也随即成立了"523"抗疟计划办公室。

屠呦呦，一位在1969年担任中国中医研究院（现中国中医科学院）中药研究所实习研究员的研究者，被选中参与一项由国家疟疾防治研究项目"523"抗疟计划发起的艰巨的抗疟研究工作。屠呦呦的截疟之路就是从这里开始的，她成为中药抗疟研究小组的一员并担任组长。

## 疟疾是什么

在现代医疗水平发达的今天，疟疾仍然是人类生命健康的威胁之一，面对它可不能掉以轻心。可想而知，在20世纪60年代，人们面对疟疾该有多无助。疟疾，这种源自疟原虫的古老寄生虫疾病，在中国被称为"打摆子"，具有极强的传染性，对人类尤其是那些生活在贫困地区的民众的健康构成了巨大的威胁。疟疾的种类因疟原虫的差异而有所区分，主要包括间日疟、恶性疟、三日疟及卵形疟4种类型。间日疟和卵形疟的发作周期是隔天一次，三日疟的发作周期是每3天一次，恶性疟的发作时间则不规律。这几种类型的疟疾危害程度从高到低依次为间日疟、恶性疟、三日疟、卵形疟。

## 知识拓展

### 疟原虫如何导致疟疾

疟原虫在人体内繁殖，是疟疾发生的原因。当雌性按蚊叮咬人体时，受到感染的疟原虫子孢子（一种能发育成新个体的无性生殖细胞）能够通过血液途径进入人体肝脏细胞内，并在细胞内部进行分裂生成裂殖子。一旦裂殖子使肝细胞破裂，它们便能再次进入血液循环，其中一部分裂殖子可能会成功侵入人体的红细胞。随后，裂殖子经历滋养体和裂殖体两个发展阶段，最终导致红细胞破裂。接着，这些裂殖子会被重新释放入血液，继续侵入正常的红细胞，进行又一轮的发育裂殖。经过多次这样的循环，一些裂殖子会在

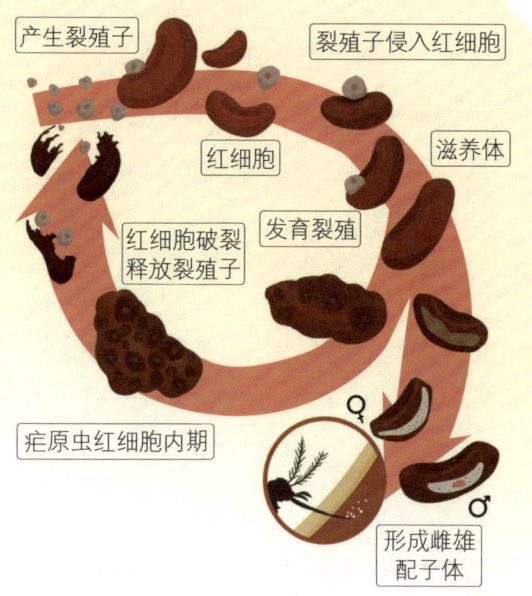

产生裂殖子

裂殖子侵入红细胞

红细胞

滋养体

发育裂殖

红细胞破裂释放裂殖子

疟原虫红细胞内期

形成雌雄配子体

疟原虫形成裂殖子后侵染红细胞

　　红细胞内停止裂殖并形成雌雄配子体。当雌性按蚊再一次叮咬疟疾患者时，雌雄配子体会被反吸入按蚊体内，在按蚊体内不断繁殖。

　　疟疾发作时的典型症状是突然打寒战、高热，数小时后出汗才会退烧。严重时，患者会出现昏迷、重度贫血、急性肝肾功能衰竭、肺水肿等症状，甚至死亡。疟疾究竟因何而来？"疟疾"一词在拉丁语中的含义是"坏的空气"，但疟疾并不是带有病菌的空气。它的起因就是一种小小的蚊子——按蚊，而湿热的天气、不流动的水正是按蚊繁殖最喜欢的环境，它们见人就叮，让

人防不胜防。雌性按蚊（又称疟蚊）体内携带疟原虫，一旦这些按蚊叮咬人类，疟原虫便会转移，寄生于人体红细胞内，而红细胞会随血液流遍全身，最终导致疾病发生。

当时，为了有效地预防疟疾传播，人们采取了多种策略，包括消灭蚊子、防止蚊子滋生、消除病原体来

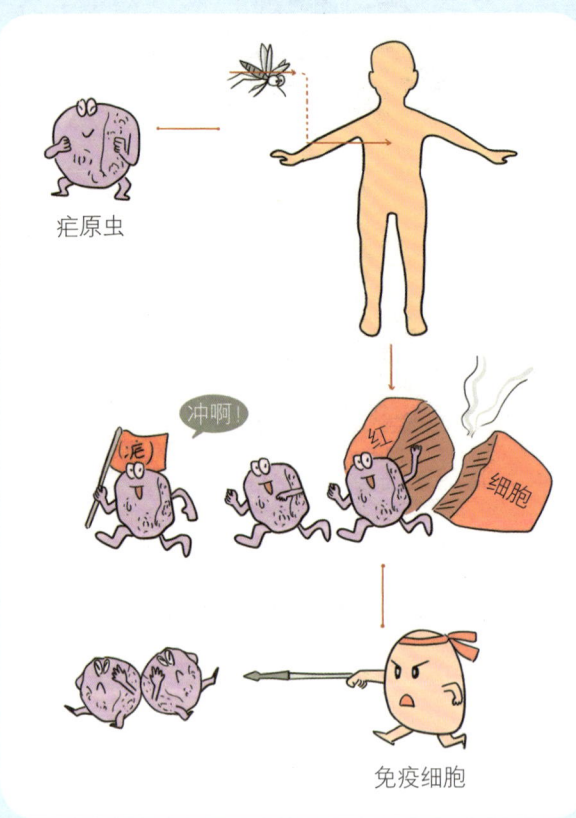

可怕的疟疾

源及实施预防性药物治疗等。如果不幸中招，患上疟疾该怎么办呢？起初，南美洲的印第安人发现了金鸡纳树的树皮能治疟疾。后来，瑞典科学家里纳尤斯对这种植物的树皮进行了认真细致的科学研究，提取出了其中的有效成分——生物碱，起名为奎宁（Quinine）。奎宁便成为首个治疗疟疾的特效药，中国人习惯称之为金鸡纳霜，化学上则称之为金鸡纳碱。法国科幻小说家儒勒·凡尔纳在其"三部曲"之一《神秘岛》中讲述了在美国南北战争时期，几个被困在南军中的北方人，中途被风暴吹落在太平洋中的一个荒岛上，开始了艰难的荒岛求生的经历。主人公之一的赫伯特患上了疟疾，便是使用奎宁退烧。

当时，还有一种治疗疟疾的特效药——氯喹，其治疗效果一度优于奎宁。但相当一部分疟原虫逐渐对奎宁、氯喹产生了耐药性，奎宁和氯喹不再能对付它们。因此，当时世界上许多国家，尤其是热带、亚热带地区的人们再次经受疟疾之害，成千上万人的生命被夺走。

值得庆幸的是，屠呦呦率领的科研团队在当时艰苦的科研环境下克服力难研发出了青蒿素类抗疟药物。青蒿素及其衍生物被证明是治疗疟疾最有效的新型特效药，是疟疾的"克星"。

在青蒿素被发现之前，全球每年大约有4亿人口遭受疟疾的侵袭，其中至少有100万人在疾病的影响下丧生。然而，随着青蒿素的发现，这种状况得到了显著改善，为数以亿计的人们减轻了痛苦，拯救了数百万人。最初驱使屠呦呦投身医学事业的，便是那份源自内心的"治病救人"的简单渴望。

屠呦呦一毕业便有幸加入了新成立的中国中医研究院（现中国中医科学院）中药研究所。经过4年的努力工作，她成为西医学习中医班的一员，这使得她有机会全面地学习和研究中医药的理论体系。这段为期两年半的珍贵学习经历不仅增强了她解读和领悟中医和西医两种医学语言的能力，还使她深入理解了这两种医学体系的历史背景和核心思想。因此，她能够将传统的医学实践经验与现代生物医学的研究成果相结合，为她在未来发现青蒿素的过程中提供了坚实的中医药知识基础。随后十多年，屠呦呦都默默进行着中医药研究，致力于从植物中提取有效化学成分从而治疗疾病。

## 科研生活的转变

1969年，屠呦呦的科研生活轨迹发生了重大转变，她被选定为"523"项目的核心成员，并负责组建研究团队。当时她仅仅是中药研究所的一名实习研究员，便被国家指派了研发抗疟疾中药的重要工作。委以重任的背后并非偶然，而是源于她深厚的中西医学理论基础，以及被同行认可的卓越的科研才能。这个项目在当时是重点军工项目，需要严格保密。对于39岁的屠呦呦而言，她深刻地感受到国家的期望与信任，这让她感到自己肩负着重大的职责和艰巨的挑战。她立志不负国家、不辱使命，全身心地投入抗疟研究的工作中。她的信念是，无论国家需要她做什么，她都会竭尽所能去做到最好，国家的需要就是她努力的方向。

当她刚开始接手这项工作时，我国的中药抗疟研究其实已经持续了相当长的时间，然而其成果并未达到预期。抗疟药的研发，就是一场与疟原虫进行的夺命速度赛。在如此严峻的形势之下，如何才能快速找到破局之法呢？

屠呦呦开始了对古代中医药文献的深入研究。她不仅与众多著名的老中医进行了交流，还广泛地搜集了他们治疗疟疾的各种草药配方。此外，她也查阅了大量的民间草药疗法。经过长时间的研究和积累，她最终整理出了一套涵盖2 000多种植物、动物及矿物的内服和外用草药配方。基于这些丰富的资源，她撰写了一部以640种中药为核心的《疟疾单秘验方集》。

一直到1971年，全国抗疟研究已经进行了2年，但一直没有大的进展。为了打破研究僵局，鼓舞士气，周恩来总理在广州召开的动员大会上电报指示，鼓励大家不要气馁、坚持下去。动员大会之后，屠呦呦的课题组补充了3名成员，大家再次紧锣密鼓地投入到实验工作中。至1971年年底，课题组已经尝试并分析了100多种中药的水提取物和醇提取物，样本数量多达200多个，但最终的结果仍让人大失所望。

## 发现第191号

尽管遭遇了一系列的挫败，屠呦呦并未因此而气馁。她深信古代医学典籍中的描述一定具有实际应用价值，而实验结果无法达到预期可能只是因为提取方式存在问题。她孜孜不倦地阅读古老的医学书籍，如《神农本草经》《圣济总录》及《温病条辨》。最终，她在葛洪所著的《肘后备急方》中找到了关于青蒿对抗疟疾的详细描述，"青蒿一握，以水二升渍，绞取汁，尽服之"，意思是取一把青蒿，用水浸泡，然后挤出汁液，全部服用。此外，李时珍在其著作《本草纲目》中也有类似的记录，即使用"青蒿一把，加水二升，捣汁服"来治疗疟疾引起的寒热症状。

这给在黑暗中摸索的课题组带来了一抹亮光，为什么古人用"绞汁""捣汁"这样物理破碎的办法取出汁液，而不是用传统的煎煮方法呢？是不是加热破坏了青蒿里的有效成分？屠呦呦猜测，温度可能是成功提取有效成分的关键。经过深入思考和多次探讨，课题组对低温提取策略进行了重新设计，选择了以沸点仅为34.6℃的乙醚作为溶剂，进行回流或冷浸。

新方案确立后，课题组开始了通宵达旦的实验，用低温提取的方式重新处理曾经筛选过的重点植物，以及新选中的植物。课题组终于发现用乙醚从中药青蒿中提取到的成分效果最好，能够有效杀死大部分疟原虫。但是青蒿乙醚提取物有毒性，不能药用，再继续分离下去，发现提取物中包含酸性和中性部分，酸性部分是有毒且无效的，而中性部分无毒且包含了抗疟药物的主要活性成分。于是，屠呦呦课题组开始尝试用碱溶液除

青蒿

掉酸性部分的方法（酸碱中和法）制备样品，只保留无毒高效的部分。

功夫不负有心人，经历了190次失败后，课题组终于发现了标号191号的样品，该样品以每千克体重给药1.0克的剂量，给实验小鼠连续口服3天，结果表明，它能完全阻止鼠疟动物模型的疟疾发作。在接下来的几个月里，课题组在猴疟动物模型上进行了类似的实验，也取得了同样的抑制效果。尽管这种黑色膏状物质与无色的纯青蒿素晶体还有一定的差距，但它已经展现出了强大的抗疟能力。屠呦呦等人在抗疟之路上终于迎来了成功的曙光！

## 艰难的临床试验

动物实验能成功，并不代表临床试验有效。为了将青蒿素推向临床应用，首先需要大量青蒿乙醚提取物，然后进行毒理学测试及临床前药效评估，以便确定其作为治疗药物的安全性和有效性。20世纪70年代的中国，科研条件比较差，并且当时药厂都停工了。为赶在当年疟疾高发季节之前供应足够的青蒿有效成分用于临床，课题组决定采用一种原始而直接的方法，他们选择使用7个大型的水缸作为替代品，以取代传统的实验室提取容器。然而，这种做法存在一定的风险，因为这些有机溶剂如乙醚等会对人体造成伤害。由于当时的设备条件有限，缺乏有效的通风系统，也没有提供任何实验防护设备，所以研究人员只能佩戴简单的纱布口罩来保护自己。在这个过程中，许多人遇到了各种健康问题，包括头痛、恶心，以及鼻腔出血和皮肤过敏等症状。同样，屠呦呦也未能幸免于此，每次实验结束后，身上都充满了酒精和乙醚等有机溶剂的味道，但她的注意力始终集中在青蒿上，没有在意自己身体上的不适，后来患上了中毒性肝炎。

在青蒿素进入临床试验阶段之前，屠呦呦的研究团队在一些动物样本中发现了疑似毒性和副作用。这是动物自身存在的问题，还是药物引发的问题？尽管进行了多次动物实验，这些问题始终找不到明确答案。然而，屠呦呦坚信动物实验并不能完全反映人类的情况，科学研究需要实际验证，即使动物出现毒副作用，也不能直接推断出对人体的影响。面对这种情况，屠呦呦感到非常焦虑，因为疟疾这种疾病具有明显的季节性特征，如果错过了疾病高发季节，又要再等时机验证。为了不错过当年的临床观察期，白白再等待一年，她毅然决然地向领导提出自愿参加试验的申请。"我是组长，我有责任第一个试药！"她的榜样行为得到了团队成员的支持和响应。

1972年，屠呦呦与另外两位研究人员共同入住了位于北京的东直门医院。他们成为第一批接受人体实验的志愿者，可以说是"小白鼠"。在进行了为期一周的药物测试之后，并未发现显著的副作用。当剂量逐渐增加时，所有参与者都表现出了良好的反应。随后，又有5位志愿者加入了试验，进一步验证了药物的安全性。

在1972年的夏季，正是高温酷暑的季节，屠呦呦却选择在这个时候亲自携带青蒿素药物前往海南昌江疟疾高发区。她的目标是找到那些饱受疟疾折磨的患者，并在他们身上进行首次临床试验。为了保证试验的安全性和有效性，她采取了极为谨慎的态度，从最小剂量开始逐渐增加药物的使用量。此外，为确保用药剂量的准确性，她还亲自给患者喂药，始终陪伴在患者的床前，密切关注他们的身体状况，包括体温的变化及血液检查结果中疟原虫的数量等细节。最终，屠呦呦在海南成功完成了21例临床抗疟疗效观察任务，结果令人满意。

经过持续努力，屠呦呦的研究团队开始着手对青蒿乙醚提取物的有效成分进行纯化和分离处理。历经多轮试验，他们终于在1972年11月8日成功地分离出了一种具有强大抗疟效果的针状结晶体，即"青蒿素"。这一突破性的发现使得11月8日被确立为青蒿素诞生日。

尽管经过严格的动物和人体安全性测试，青蒿素药片在海南疟疾区的治疗却并未达到预期效果。这一结果引发了一系列的疑惑，使得屠呦呦的课题组陷入困境。为了找出症结所在，他们迅速展开了调查。当海南地区的临床试验人员将青蒿素药片寄回北京时，他们注意到药片质地坚硬，这可能会妨碍药物在人体内的吸收。为赶在海南疟疾区观察季节结束之前完成验证，屠呦呦果断采取行动，将青蒿素单体原粉直接制成胶囊。青蒿素胶囊成功抵达海南，并在此后的抗疟工作中表现出色，成功治愈了许多疟疾患者，进一步证明了屠呦呦研究小组所获得的青蒿素确实是黄花蒿中提取到的抗疟活性成分。

**知识拓展**

### 研究青蒿素

自1972年起，由屠呦呦领导的研究团队成功提取到青蒿素后，他们便紧锣密鼓地投身于对青蒿素的化学研究中，想要弄清楚青蒿素到底是一种什么样的物质，揭开它的神秘面纱。

经过一系列的研究，包括熔点测定、旋光度测量及元素分析，研究团队得出了一个初步结论：青蒿素中并不包含氮元素，而是含有如—C=O、—OH和CH等基团。随后，在进一步的光谱分析中，确认了青蒿素的分子式为$C_{15}H_{22}O_5$，分子质量

为282。这一结论得到了中国医学科学院药物研究所和北京医科大学的认可。

当屠呦呦了解到中国科学院生物物理研究所拥有最新型的X射线衍射仪，可以用于物质结构的研究时，她主动请求该研究所加入青蒿素分子结构的研究中。借助当时国内最先进的X射线衍射技术，中国科学院生物物理研究所成功地测定了青蒿素的化学结构。在此过程中，他们细致地分析了异常散射强度的数据，并以此为基础，最终确定了青蒿素的绝对构型，经过多次论证，获得了专业认可，确认青蒿素是一种全新的化合物，其主要成分包括碳、氢和氧3种元素，并且含有过氧基团。这种新的化合物的化学结构与现有的抗疟药物截然不同，因此被认为是一种新型化合物。研究团队通过对青蒿素分子在原子层面的立体结构和活性构型的深入研究，为青蒿素抗疟研究赢得诺贝尔奖提供了有力支持。

为充分开发青蒿素的潜力，屠呦呦研究团队基于构效关系分析和化学结构鉴别，启动了对青蒿素衍生物的深入研究与开发。团队在探索青蒿素的化学性质时，意外地观察到当青蒿素经过硼氢化钠的还原处理后，原本的羰基峰消失，取而代之的是一个新的羟基。这种被命名为双氢青蒿素（也称作还原青蒿素）的产物，对鼠疟的抑制作用比原始的青蒿素更为显著。进一步引入乙酰基后，其抗疟效果得到了提升，这揭示了引入羟基后的青蒿素分子能够生成各种衍生品。

经过大规模的临床试验，双氢青蒿素的疗效提升了不少，同时其使用的剂量相对较小，疾病复发率也降低到了1.95%，这意味着每100名患者中只有大约2人可能会出现复发的情况。这种药物特性研究使得屠呦呦领导的"双氢青蒿素及其片剂"项目获得了全国十大科技成果的荣誉，她本人也被中国中医科学院任命为首位终身研究员。现在，为了进一步增强药效，中国的科学家们已经利用双氢青蒿素作为基础研发出了如青蒿琥酯、蒿甲醚等一系列新型药物。最令屠呦呦欣慰的是，青蒿素的发现是利用现代科学技术发掘出了"老祖宗的精华"。

**小档案**

### 青蒿和青蒿素

青蒿素的发现离不开中国科学家的钻研，青蒿的生长同样离不开中国土地的滋养，野生的青蒿广泛分布在全国各地。

经全国植物调查，国内商品青蒿共有6种菊科蒿属植物，即青蒿、黄花蒿（俗称黄蒿）、南牡蒿、茵陈蒿、猪毛蒿和牡蒿。经过抗疟疾筛选，发现除了黄花蒿之外，另外5种蒿都无法对抗疟疾。由此可见，屠呦呦等科学家发现对治疗疟疾有效的成分来源于黄蒿而非青蒿，植物学上叫"青蒿"的植物反而不含青蒿素，那为什么"青

能提炼出青蒿素的黄花蒿

蒿素"不叫"黄蒿素"呢？

其实，这是植物学名称和药用名称不统一造成的一种混乱，引起黄花蒿和青蒿的混淆。中医界在青蒿的命名问题上，不能把中药青蒿等同于植物分类中的黄花蒿。那屠呦呦为什么明知青蒿素出自黄花蒿却坚持用中药青蒿的名字呢？因为这不仅仅是对历史、对文化的尊重，也是一种对大自然的敬意。

古人云："知其然，知其所以然。"意思是知道它是这样的，更知道它为什么是这样的。青蒿素为什么能够杀死疟原虫，有效治疗疟疾呢？青蒿素类药物的抗疟作用及其机制到底是什么呢？

大量研究表明，还在红细胞内没有被释放出来的疟原虫是青蒿素类药物的作用对象。在人体内肆无忌惮的疟原虫，遇到青蒿素将会发生什么呢？在电子显微镜下可以观察到，青蒿素及青蒿素衍生物主要针对疟原虫的膜系统产生作用。首先，它们能够破坏疟原虫的食物泡膜、表膜及线粒体；接着，进一步侵蚀核膜和内质网。与此同时，伴随着自噬泡的形成、扩张和排出，这种破坏过程将持续进行。通过破坏疟原虫的膜系统，可以有效地阻止其与宿主细胞之间的物质和信息交流，从而彻底摧毁虫体，让疟原虫在人体内死亡。

随着对青蒿素类药物药理作用的研究不断深入，科研人员发现它不仅可以抗疟疾，还能防治其他寄生虫病，比如弓形虫、血吸虫等。此外，经研究发现，青蒿素对自身免疫性疾病也有一定作用，比如红斑狼疮、类风湿性关节炎、脑脊髓膜炎等。近几年，国内外众多科研人员都加入了青蒿素类药物对抗癌症方面的研究，得到了大量的实验数据。

青蒿素的深入研究仍然在继续，年轻的科学家从老一辈科学家的手中接过研究的重担，接续奋斗。

## 来之不易的科技成就

在获得2011年的美国"拉斯克临床医学奖"及2015年的"诺贝尔生理学或医学奖"之后，屠呦呦于2017年荣膺2016年度国家最高科学技术奖。光环加身，屠呦呦依旧不改初心，淡然地表示："抛掉奖项的光环，回归本真。科研的目的，就是解决问题。医学科研的目的，就是缓解人们的病痛。当年的研究，不是为了得奖，也不会有人想到得奖。"

尽管已经90多岁高龄，屠呦呦仍然对疟疾防治及青蒿素的研究动态保持着高度的关注。2021年6月，WHO宣布中国成功消除了疟疾，这令她感到由衷的高兴。然而，她的喜悦并未持续太久，她立即开始关心那些尚未消除疟疾的国家，并提出问题："我们能为这些国家做些什么呢？"

屠呦呦曾说："我喜欢宁静，蒿叶一样的宁静。我追求淡泊，蒿花一样的淡泊。我向往正直，蒿茎一样的正直。"除了对青蒿一生的坚持与追求，她仍有两个心愿：一是想让青蒿素类药物在全球范围内最大限度地消除疟疾的影响；二是致力于扩展青蒿素的适用范围，以期为中国的健康发展策略及建立全球公共卫生共同体提供更为深远的影响力。

## 科学贡献

屠呦呦的科学贡献是发现青蒿素，可以说她将一生都奉献给了青蒿素及其衍生物的研究。受到古代中医药典籍的启示，她成功地改革了传统的青蒿提取方式，创新出一种新的低温提取法以获取青蒿抗疟的有效成分，这一创新为青蒿素的发现提供了关键性的推动力。她带

领团队率先成功地分离并提取出具有100％疟原虫抑制
效果的"醚中干"，并从青蒿植物中提取出具有抗疟效
果的关键物质——青蒿素。接着，他们进行了关于青蒿
素单体和"醚中干"的临床试验，证明了这些物质在治
疗疟疾方面的实际疗效。此外，他们还与其他机构携
手，共同确定了青蒿素的化学结构，这为青蒿素衍生物
的研发创造了有利条件。屠呦呦团队按照国家药品新规
定，将青蒿素开发成为我国实施新药审批办法以来的第
一个新药。

　　青蒿素的发现之所以伟大，是因为它标志着人类
在抗疟药物研究方面有了新方向。自20世纪90年代开
始，WHO大力推广以青蒿素为主导的综合疗法（ACT）
作为对抗疟疾的主要策略，这一方案已经在全球疟疾高
发区得到普遍应用。根据WHO发布的《2015年世界疟
疾报告》，在2000—2015年间，全球疟疾感染病例从
2.62亿例下降到2.14亿例；疟疾死亡病例从84万例下降
至44万例；5岁以下的儿童疟疾死亡病例从72万例下降
到31万例。

　　这场人类与疟疾的殊死搏斗，由于屠呦呦和青蒿素
的出现，人类反败为胜！相信越来越多的国家，会像中
国一样成为零疟疾国家。

# 赵忠贤

# 超导"玩家"的科学梦

## 科学家简介

赵忠贤（1941年－    ）

物理学家、超导专家

中国高温超导研究奠基人之一

中国科学院院士

2016年度国家最高科学技术奖获得者

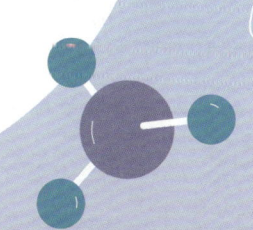

## 科学发现

### 超导现象

自从1911年超导现象被发现以来，其以独特的研究价值持续不断地吸引着世界各国科学家们的关注，究其原因，不仅是因为它完美地展示了量子力学的一些重要规律，更是因为它具有很多潜在的应用方向。那么科学上是怎么定义"超导现象"的呢？我们不妨先来认识一下什么是导体、绝缘体和超导体。

导体是指在电路中电阻率很小且易于传导电流的物质，也就是易于导电的物质，如简单电路中的灯泡、导线中的金属丝等。简单电路是由电池、灯泡、开关和导线依次连接组成的闭合回路，如果持续通电一段时间，灯泡会很热，这是因为当电流流经灯泡（导体）时，由电源输出的电能有一部分会转化成热能，这样一来，大量的能源就会变成热能损失了，产生热损耗。

**绝缘体**

相比于导体，绝缘体是指电阻率很大、在电路中不容易传导电流的物质，也就是几乎不导电的物质，例如生活中常见的玻璃、塑料、陶瓷、干木头等物质。

**超导体**

通过类比导体和绝缘体的概念，超导体就是电阻率小到一定程度、几乎为零的导体。

**小故事**

　　1911年，许多科学家发现，金属的电阻会随温度的改变而改变，温度高时电阻变大，导电能力减弱；温度低时电阻变小，导电能力增强。依照这个规律，科学家们便总结出一个金属电阻与温度之间关系的理论公式。荷兰物理学家卡末林·昂内斯出于对研究的求证精神，想检验这个理论公式是否正确，他便选用金属水银做试验。当把温度降到-40℃时，液体水银像结冰一样变成了固体，随后他又把水银拉成细丝，并继续降低温度，同时测量不同温度下固体水银的电阻，当把温度降低到绝对温度4K（相当于−269℃）时，一个奇怪的现象出现了：水银的电阻突然消失了！昂内斯简直不敢相信自己的眼睛，他反复检查了自己的实验设备和测量结果，确认无误后，他激动得跳了起来。他意识到，自己可能已经发现了一个全新的物理现象，这将对整个物理学界产生深远的影响。在接下来的几年里，昂内斯和他的团队进行了大量的实验和研究，证实了这种现象不仅仅出现在水银上，还出现在其他金属中。他们把这种在极低温度下电阻突然消失的现象称为"超导现象"，而这种具有超导性质的物质则被称为"超导体"。昂内斯因此获得了1913年的诺贝尔物理学奖，他的发现也为后来的科学研究和技术应用提供了重要的基础。

处于超导状态的导体没有了电阻，电流的输送不会有一丁点损耗，效率可以达到100%，可以毫无阻力地在导线中形成强大的电流，根据电流的磁效应，从而产生超强磁场。

## 知识拓展

1933年，德国物理学家瓦尔特·迈斯纳和罗伯特·奥克森菲尔德在一次实验中，测量了超导体和铅样品外部的磁场。他们观察到，当样品在外部磁场存在的情况下冷却到转变（临界）温度以下时，样品外部的磁场值会增加。样品外部磁场值的增加代表磁场从样品内部排出。该现象表明，在超导状态下，样品会排斥外部磁场，因此超导体具有很强的抗磁性。超导体中的这种现象称为迈斯纳效应。

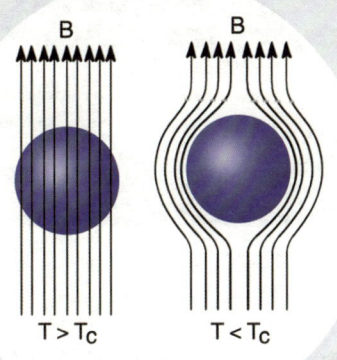

迈斯纳效应

抗磁体具有与任何施加的磁场相反的磁化强度，因此超导体会被磁场排斥。当磁体放置在超导体上方时，这种排斥力可能比重力更强，从而使磁体悬浮在超导体上方。我们所熟悉的磁悬浮列车，其中的高科技部分也应用了这个原理。利用迈斯纳效应，可以判别物质是否具有超导性。

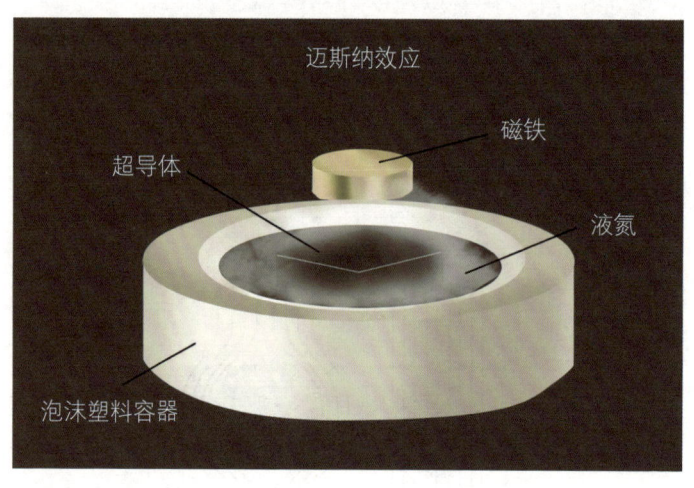

超导体上的磁体是悬浮的

很快，超导现象的发现吸引了众多物理学家的目光，一些著名的物理学家加入这一研究领域当中，希望能够在超导领域大展拳脚。而在20世纪50年代以前，中国从未涉足过超导领域，对该领域研究比较多的国家有德国、荷兰、美国、英国等。20世纪50年代后期，有一些中国科学家开始研究超导。然而超导体要实现超导态，必须用低温技术营造极低温的环境，这无疑给超导体的实际应用带来了极大的挑战。毕竟，在实际的工作环境中，持续维持极低温的环境不仅需要大量的能源，而且需要高精度的温控设备，这无疑增加了超导体的成本，限制了其在许多领域的应用。

但是，科学家们并未因此放弃对超导体的研究。他们尝试从材料的角度出发，寻找能够在较高温度下实现超导态的超导材料。这种被称为"高温超导"的材料如果能被成功研发出来，将极大地推动超导体的实际应用，高温超导体自此成为全世界科学家的梦想。

## 超导研究的突破

在物理学领域，超导体是一种具有独特性质的材料，在特定温度下电阻为零，电流在其中流动时不会受到任何阻碍。然而，这种超导现象的发生有一个重要的限制条件，那就是超导体的转变（临界）温度（即超导体从正常态转变为超导态时的温度）。传统的理论计算曾由物理学家麦克米兰提出，他断定超导体的转变温度一般不能超过40K（约-233℃），这一温度极限被称为"麦克米兰极限"。

在专业物理中，经常使用"开尔文（K）"作为温度单位，称为"热力学温度（T）"。热力学温度（T）与摄氏温度（t）之间的换算关系为T=t+273K。

因为超导体的临界温度较低，使得应用受到限制，如果可以打破这个极低的临界温度，提高超导体的使用温度，将会是物理学上的一项伟大成就。在经过长时间的调研、广泛的学术交流及深入的缜密思考后，赵忠贤站在科学的高度，提出了自己独到的见解。他联合几位同样富有探索精神的理论家，向国际上广泛接受、由经典理论推导出的麦克米兰极限发起了挑战。1977年，赵忠贤教授在《物理》杂志上发表了一篇引起广泛关注的文章。他在这篇文章中提出了一个令人震惊的观点：超导体的临界温度有可能达到40～55K（相当于-233～-218℃），甚至在某些特殊情况下，这一温度可能高达80K（约-193℃）。许多人对赵忠贤的断言持怀疑态度，甚至有人认为他"胆子实在太大了"。但赵忠贤说："超导研究突破的每一步，中国人绝不能再落下，要走在前面。"此时的超导研究在我国尚处于起步阶段，他深知，这项探索不仅有着重大的科学前沿意义，一旦成功，更将为国家带来巨大的应用价值。

在物理学中，通常利用液氦和液氦来实现超导体较低温的临界温度。液氦最低只能实现77K（约-196℃），所以对临界温度低于40K（约-233℃）的超导体，只能用价格贵数十倍的液氦进行研究。1958年，中国在科学研究领域面临着重重困难，其中最为突出的就是缺乏液氦，这使得超导研究无法顺利进行。面对这一困境，中国科学家们勇敢地进行了一次"跃进式"的尝试。他们设定了一个宏伟的目标：在尽可能短的时间内，"跃进"出超过77K（约-196℃）的"液氮温区超导体"。这个目标在当时看来极为困难，但他们仍然夜以继日地工作，付出了巨大的努力，遗憾的是，他们最终未能实现这一目标。这一失败给中国的超导研究带来了沉重的打击，使得许多人对超导研究产生了深深的疑虑。时隔20年后，当赵忠贤提出更高温度80K（约-193℃）的液氮温区超导体也是可能存在时，大家都还心有余悸。但赵忠贤作为当时极少数的"归国人才"还是得到了大部分研究学者的支持，开始在全国组织和推广"探索高临界温度超导体"研究，他身边也逐渐有了一批志同道合的同事。

　　1986年4月，瑞士科学家公布了他们的研究成果，即在铜氧化物中可能存在35K（约-238℃）超导电性。这一发现震惊了全球科学界，引起了广泛的关注和研究热潮。而远在东方的中国，这一发现同样引起了赵忠贤的极大兴趣，他的研究思路与这一发现产生了共鸣。9月底，赵忠贤看到这些论文后，敏锐地察觉到，这可能是一个突破口，他立即组织团队开始对铜氧化物超导体展开研究。与此同时，美国、日本等实力雄厚的实验室也在搞这个研究，如果谁能在这场超导大战中拔得头筹，谁就能在高温超导领域写下具有划时代意义的一笔。赵忠贤带领团队争分夺秒，在简陋的实验室展开了为期约4个月的实验探究。

　　当时中国由于科研条件所限，实验室没有合用的设备，赵忠贤便带领团队自己动手做实验设备。他曾回顾当时奋战的日子："当时大家干劲很足，但条件非常差，没有样品，我们自己烧制个炉子烧样品。临界温度高了以后，原来的测量系统就要进行改造，好多设备都是自己现做的。"没有合用的设备，他淘来处理品自己改装；有些设备老得连零件都买不到了，还一直作为项目组的基础设备使用。

　　在研究期间，赵忠贤团队把实验室当成了家，把时间全都用在了实验室里，不分昼夜地干活：饿的时候就在实验室煮白面条"安慰"自己的胃；夜里不睡觉，困了就坐在椅子上打个盹儿，有工作再起来继续干。每当有人在晚上看到实验室的灯光，都能感受到赵忠贤团队对科学的热情和追求。这些研究员们像照亮黑夜的灯塔，为人们指明了前进的方向。

如今已是南京大学物理学院教授的闻海虎曾在研究生时期重复赵忠贤做过的实验，发现测一条曲线要不休不眠两天两夜才能完成，他感慨道："实验时要不断盯着仪器上的表一个一个地记录，不像现在都是计算机采集，计算机一划就出来了，那时每变温一次，你要调一下气压、气流，让它变温，等温度稳定了在表上读出数据并把它记录下来。测一个曲线花两天两夜，中间没休息。"难以想象，赵忠贤和团队起步时一穷二白，设备修了坏、坏了修，他们当时的实验条件该有多难。就是在这样的条件下，历经了无数个不眠之夜，在1986年年底，赵忠贤团队和国际上少数几个杰出的小组几乎同时成功复现出了镧钡铜氧化物（LaBaCuO）中的超导现象。在铜-氧体系中突破了麦克米兰极限，获得了40K（约-233℃）以上的高温超导体，这一突破性的成就标志着人类在高温超导领域迈出了重要的一步。

超导"玩家"的科学梦

## 知识拓展

　　在突破了麦克米兰极限后，赵忠贤团队士气大振，继续乘胜追击。在本次突破中，他们在制备的某个样本中突然发现疑似70K（约-203℃）的超导信号，即在70K（约-203℃）的温度下，镧钡铜氧化物出现了电阻为零的超导现象，这非常接近77K（约-196℃）的液氮温区。海外学者对其团队的发现产生了浓厚的兴趣，在交流了实验使用的材料成分后，国外小组也纷纷进行实验探究。遗憾的是国外研究组在同样元素的体系中没有找到在70K（约-203℃）时超导的迹象，没有重复出实验效果，因此国外研究组对赵忠贤团队的结果产生了质疑。这令赵忠贤团队十分困惑，于是他们经历一系列的尝试，不断地寻找原因。在调查了实验材料的来源后，赵忠贤团队终于意识到：他们样品使用的原料是1956年公私合营的工厂生产的，含有很多杂质。通过一一比对，猜测可能并不是大家所认为的镧钡铜氧化物体系造成了70K（约-203℃）的信号，而是某些杂质产生的。于是在接下来的实验中，他们开始主动引入杂质，找一些性质相似的元素来代替镧钡铜氧化物中的某个元素。由于铜氧化物高温超导材料的有效结构是铜和氧构成的平面，所以铜和氧是必不可少的元素，无可替代，那镧和钡可以用什么元素来替换呢？在科学研究领域中，可以先从化学性质相似的元素入手。元素周期表可以反映元素之间相互联系的规律。

在化学元素周期表中，元素是以元素的原子序排列，最小的排行最先。表中一行称为一个周期，一列称为一个族，元素周期表一共有7

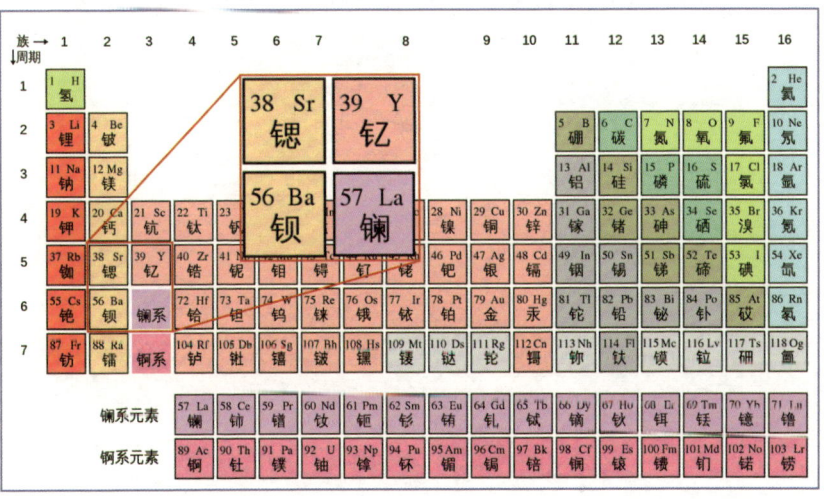

元素周期表

个周期，16个族。同族的元素具有相似的化学性质，因此，钡（Ba）与锶（Sr）、镭（Ra）、钙（Ca）等元素有相似的化学性质；镧（La）与钇（Y）、钪（Sc）等具有相似的化学性质。由于钡（Ba）与锶（Sr）、镧（La）与钇（Y）在元素周期表中排列位置相邻，因此，最有希望的方法就是用锶替代钡，或用钇替代镧。赵忠贤团队首先尝试了用锶取代钡的方案，构建"镧-锶-铜-氧"体系，尝试多遍没有复现在70K（约-203℃）时超导的迹象。接下来他们再用钇取代镧，构建"钇-钡-铜-氧"体系，此时神奇的事情发生了：材料中出现了稳定的93K（约-180℃）的超导信号，且实验结果可重复。

在经历了无数次失败和挫折后，赵忠贤团队坚持不懈地进行研究，最终在1987年发现了一种新的高温超导材料。这个发现让整个团队欢声雷动，激动不已，赵忠贤更是欣喜若狂，他感到自己多年的努力终于有了回报。他带领团队对这种新材料进行了深入研究，并逐步完善了其制备工艺。经过多次试验和改进，他们最终确定这种高温超导材料的超导临界温度比之前论文报道的还要高，而且具有更好的实用性能。这一发现在国际科学界引起了轰动，中国的超导体的春天终于来了！赵忠贤和他的团队受到了来自世界各地的科学家们的赞誉和认可，他们的研究成果被发表在世界顶级期刊上，成为一篇高引用率的论文。赵忠贤团队的这一突破，不仅为超导领域的发展打开了新的大门，也为其他领域的科学家们提供了一种新的思路和方法。他们所发现的高温超导材料，将会在电力传输、磁悬浮、电子设备等领域发挥重要作用，为人类社会的发展带来巨大的变革。1989年，赵忠贤团队问鼎国家自然科学奖一等奖。

## 淡泊名利的科学家

1987年在超导研究方面取得成功之后，虽然获得许多奖励和荣誉，但赵忠贤没有被成功冲昏头脑。他一直对所里的同事讲："我就是一个普通人，我做的就是自己的本职工作。荣誉归于国家，成绩属于集体，我个人只是其中的一分子。"

超导"玩家"的科学梦

　　20世纪90年代中后期，国内的高温超导研究陷入了一段低谷期，许多研究者因为研究经费的减少、科研难度的提升及市场需求的转变，纷纷选择了转行或者转向其他更为热门的研究领域。然而，在这样一个冷门的科研领域里，却有一个"普通人"默默坚守。面对外界的诱惑和科研的压力，赵忠贤并没有动摇自己对于超导研究的信念，他深知，科学研究是一个长期而艰辛的过程，需要耐得住寂寞、熬得住冷清。他说："热的时候要坚持，冷的时候更要坚持。"在多年的坚守和探索中，赵忠贤始终坚信，超导研究一定会有所突破。终于，在"大家想都不敢想"的方向上，赵忠贤科研人生的另一个高峰出现了。

　　2008年，经过了长达20年的不懈探索，他对铜氧化物高温超导体的物理机制有了深入的理解。他意识到，铜氧化物高温超导体的超导性能与其内部的电子结构和相互作用密切相关。通过深入研究铜氧化物高温超导体的电子结构，他发现其内部存在着多种电子态和复杂的电子相互作用。这些电子态和相互作用不仅影响着超导体的超导性能，还与其在不同温度下的物理性质密切相关。通过精细的实验和深入的理论分析，他揭示了这些电子态和电子相互作用的本质，从而解释了铜氧化物高

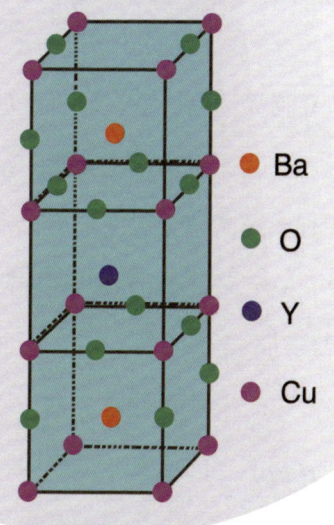

Ba
O
Y
Cu

"钇-钡-铜-氧"体系
的四方层状结构

温超导体超导性能的物理机制。他的这一发现为探索新的高温超导体提供了新的思路。他观测到"钇-钡-铜-氧"体系具有四方层状结构，他猜测，也许在具有多种相互作用的四方层状结构的系统中，会有高温超导电性存在。无独有偶，2008年日本研究小组报道了在具有层状结构的镧-铁-砷-氧（LaFeAsO）体系中存在26K（约-247℃）的超导电性，日本小组的报道与赵忠贤团队多年探索出的新思路，即具有四方层状结构的系统中会有高温超导电性存在产生了共鸣。

彼时67岁的赵忠贤结合他的学术思路，立刻意识到这一类铁砷化合物（后来被称作"铁基超导体"）很可能是新的高温超导体，其中可能孕育着新的突破。

赵忠贤带领团队深入探索了"镧-铁-砷-氧"压力

效应,并精准地预测了超导临界温度有进一步上升的可能性。他提出用轻稀土元素替代原有的部分元素,结合高温高压材料合成技术,有望提高超导转变温度。在经过反复实验和不断优化后,赵忠贤和他的团队在国际上首次成功实现超导转变温度达到52K(约-221℃)的掺杂"镨氧铁砷(PrFeAsO)"的铁基超导体。这一成果不仅显著突破了40K(约-233℃)的麦克米兰极限,更重要的是,它为确认铁基超导体是第二个高温超导家族提供了强有力的证据。这意味着,铁基超导体有望成为继铜氧化物高温超导体之后的又一个高温超导家族,从而为超导领域的研究注入新的活力。

赵忠贤团队再接再厉,试图找到更多可能具有超导性质的材料,他们特别关注元素周期表中的镨(Pr)元素。在元素周期表中,镨位于镧系元素群,镧系元素群是一个神秘和充满潜力的元素群。根据科学家们以往的探究规律,他们发现元素周期表中相邻元素的性质往往相似。因此,他们推测镨元素周围离它较近的元素可能同样具有超导性质。

接下来,研究小组利用先进的实验设备和技术,对这些元素进行了细致的观察和研究。他们先用钕(Nd)元素替代了氟掺杂镨氧铁砷化合物中的镨(Pr)元素,成功合成出超导转变温度为51K（约-222℃）以上的氟掺杂钕氧铁砷（NdFeAsO）化合物。他们再继续尝试，用钐（Sm）元素替代镨（Pr）元素，很快又合成了氟掺杂钐氧铁砷（SmFeAsO）化合物，其超导临界温度提升至55K（约-218℃），这个温度创造了铁基超导体转变温度的纪录。这一创造性的突破，标志着人类发现了新一类的高温超导体，打破长期以铜氧化物做超导材料的壁垒，超导技术将可以走向大规模开发应用。

赵忠贤的这一发现，也让他在国际学术界崭露头角，获得了许多荣誉和奖项。2014年年初，赵忠贤等凭借铁基高温超导研究再次问鼎国家自然科学奖一等奖，他本人也在2015年被授予国际超导领域的重要奖项——"马蒂亚斯奖"。他的研究成果不仅为中国的科学研究事业争光，也进一步证明了中国的科研实力和创新能力。

铁基超导体

## 科学贡献

中华人民共和国成立70多年来，我国高温超导研究实现了从"起步""追赶"到"领跑"的跨越，这一切成绩，都离不开赵忠贤。作为该领域的先驱之一，他不仅在我国最早提出了探索高温超导体的设想，还积极倡导并建议成立国家超导实验室。凭借着卓越的研究成果和团队领导才能，赵忠贤两次带领团队荣获国家自然科学奖一等奖，引领我国高温超导研究走向世界舞台的前沿。他曾由衷地感慨："我们做科学研究，其实就是一滴水，汇集到人类文明的长河之中。中国古人曾为人类文明作出很多贡献，今日的中国人依然有这个志气和能力。"这种对科学和人类文明的敬畏与自豪，让人深受感染。在物理研究所，赵忠贤不仅是科研领域的领军人物，也是年轻科学家的楷模。他常常告诫年轻人要静下心来做事，潜心研究，不要被浮躁的社会风气所影响。他深知科学研究需要耐心和毅力，需要长期积累和实践。因此，他强调需求是科学研究的最大动力，其中包括国家需求和科学发展的需求。他认为，这两者都是服务于国家发展和人类文明进步的重要因素。

赵忠贤的成就不仅是对他个人才华和努力的肯定，更是对中国科学界的一次巨大鼓舞。他的故事告诉我们，科学研究需要坚定的信念和不懈的努力，需要紧跟时代步伐，不断开拓创新。同时，科学研究也需要服务于国家和人类的发展，为人类文明的进步贡献自己的力量。

2017年，赵忠贤荣获2016年度国家最高科学技术奖（物理学）。

他满怀对未来的期许："现在全国有这么多的科技人员、这么多的团队。我认为，一个人或者一个团队花10年或者20年的时间，解决一个重要的科学问题或是一个核心技术问题，加起来那还得了？"

# 王泽山

# 突破火炸药的极限

科学家简介

王泽山（1935年— ）

著名的火炸药专家、含能材料专家，发射装药理论体系的奠基人，火炸药资源化治理军民融合道路的开拓者

中国工程院院士

2017年度国家最高科学技术奖获得者

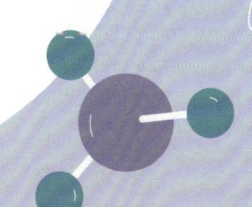

## 知识链接

　　火药，是令中国人自豪的古代四大发明之一。它的诞生，源于中国古代道家弟子在火法炼丹过程中的一次意外发现。当时，炼丹者们发现，将硝石、硫黄和焦炭类似物混合在一起，竟然会着火，甚至发生爆炸。这一惊人的现象，让他们倍感惊奇，同时也意识到这种混合物的潜在威力。于是，他们便将其命名为"火药"，开始了对这一神秘物质的深入研究与应用。

　　火药的出现，不仅改变了古代战争的面貌，也极大地推动了人类社会的进步。在民用方面，火药被用于制作烟花、爆竹等喜庆用品，为人们的生活增添了欢乐与色彩。火药的应用也促进了军事战术和战略的发展，使得战争变得更加复杂多变。

　　火药如同一颗划破黑暗的耀眼流星，在战争的流转中演变为黑火药，为近代化学科学的萌芽和发展播下了种子，并对世界格局和发展进程产生重要影响。"诺贝尔奖"的创始人瑞典科学家诺贝尔便因其在炸药领域的卓越成就而出名，他在炸药领域的发明专利达到129项，影响力无可比拟，被尊奉为"炸药大王"。

火炸药是一种能燃烧和爆炸的特殊能源物质，包括火药和炸药。火药用于推进武器，如用于步枪的发射药；炸药则是破坏性强的弹药，如炸弹。

## 科学发现

　　一个国家的火炸药的水平，在相当大程度上决定了这个国家武器的水平。在近代几百年的时间里，我国的火炸药技术一直落后。而中国工程院院士、南京理工大学教授王泽山，便是那个靠着刨根问底的探究精神，攻克诸多难题，把中国火炸药领域的技术重新推向世界顶峰的人。

　　火炸药领域有许多科学家们穷尽一生都在研究的问题，例如：如何才能安全、有效地使用火炸药呢？怎样减轻火炸药对环境的不良影响？火炸药的威力又该如何最大限度地发挥出来？……王泽山一连突破了这些极限，解决了以上三大难题，三次获得国家科学技术进步奖一等奖。王泽山对于火炸药的理论研究，使得火炸药的使用更加精确、安全；他的研究成果，不仅为我国的军事力量提供了强大的支撑，也为世界火炸药技术的发展贡献了中国智慧。他与火炸药的故事，是我国科学家全心全力为国家和人民奉献、勇敢攀登科技高峰的辉煌历程。

在王泽山的眼中，火炸药蕴含着巨大的潜力和价值。他深知，火炮、导弹、火箭等火力打击武器之所以能够发挥巨大的威力，离不开火炸药的支撑。

## 知识链接

火炸药包括火药和炸药两大类，火药可以通过其燃烧产生的能量来推动武器向目标地点发射，以及作为火箭弹、导弹和运载器的推进剂；而炸药则用于破坏和杀伤，如炮弹、炸弹和手榴弹等。火炸药的性能直接关系到这些武器的性能，因此，火炸药在国防建设中占有不可替代、举足轻重的战略地位。

王泽山对火炸药专业的热爱和执着，源于他对国家安全的深刻认识和对科技强国的坚定信念。他深知，只有掌握了先进的火炸药技术，才能制造出性能卓越的武器装备，为国家的安全和发展提供有力保障。因此，他

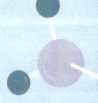

立志要在这个领域精耕细作，为国家的国防事业贡献自己的力量。

王泽山不仅系统掌握了火炸药专业的基础理论知识，还积极参与各种实验和研究项目，不断提升自己的实践能力和创新能力。他很喜欢阅读《十万个为什么》之类的科普读物，凡事都想问个"为什么"。然而随着学习和研究问题的深入，他还培养了"怎么做"的思考方式，他反复问自己："它还存在什么问题？""怎么做才能比它更好？"

随着科学技术的不断进步，王泽山对火炸药制备和应用的构想也在不断拓展和完善。他将计算机技术、模图设计原理引入我国火药装药学体系中，构成了装药设计理论的新分支，他还提出了"火炮压力平台"等概念，建立了"弹药性能与装药潜能"关系的理论等。拥有创造性思维的他在火炸药领域中持续深耕，在一片迷雾叠嶂中，提出一个个崭新的科学设想。

## 废弃火炸药的再利用

和其他物品一样，武器弹药都有一定的贮存期限。火炸药也有保质期，超过这个期限，就被称为废弃火炸药。

火炸药是一个头顶"高能物质"光环的大家族，不稳定、能量密度高，自带氧化剂和可燃剂，少量的外界能量即可使其发生化学反应。在极短的时间内，火炸药能够迅速燃烧和爆炸，释放出大量的热能和高压气体，给环境造成巨大破坏。火炸药这样一种一触即发的"危险品"，废弃了也有很大危险性，处理不当很容易酿成重大安全事故。如何才能更加安全、有效地处理它们呢？

1985年，王泽山接受了一项摆在他面前的严峻课题——如何对废弃的火炸药进行回收处理。

20世纪六七十年代，为了应对随时可能发生的大规模战争，出于国家国防战略的需要，我国生产了数量惊人的各种炸药，如手榴弹、炮弹、地雷等。在工业上，大量的火炸药也被用于大规模采矿爆破、疏通河道、开凿隧道、拆除建筑物等作业。

但这些火炸药的保质期一般只有15～20年。到了和平年代，火炸药过了保质期后，可就不这么令人放心了，其安全性和可靠性都有可能突然"变脸"。如何处理它们成为一个让人绞尽脑汁的难题！

有人疑惑了："这些废弃火炸药，我们直接一把火烧了不就行了吗？"然而数万吨的炸药直接销毁，不仅会带来严重的资源浪费，处理起来也十分危险，还会由此带来环境污染和爆炸事故。此前，处理这些废弃火炸药的办法，无外乎深土掩埋、露天焚烧、炉中焚烧和露天爆破等几种。火药焚烧过程中产生的高浓度致癌物质，与燃烧残渣一起，通过空气和雨水传播等途径，对人类健康和生态环境造成潜在危害。

国外虽然也有研究某些再利用技术，但由于安全风险高、处理难度大等技术难题，无法对不同种类、大批量的火炸药进行再利用。数千万吨的火炸药已对社会和环境构成潜在的危害，困扰着各国。

经过长达10年的不懈努力，王泽山成功攻克了废弃火炸药再利用的多项关键技术，这是一项极具挑战性和危险性的课题。他巧妙地将这些存在重大安全隐患和环境风险的"危险品"转化为20余种在国内外市场广受欢迎的军用和民用产品。那么，他是如何实现这一转化的呢？

知己知彼，百战不殆。王泽山广泛研究了各类火药的物理性质、化学性质，他发现，种类不一的火炸药在经过长时间贮存后，会产生新的化学物质，对废弃火炸药的状态和价值进行评估分析，便可以"对症下药"。

疗法一：废弃火炸药的处理技术。对于不易从废弃火炸药中回收的成分或者污染、失效的部分，可以采用一定的方法，如用碱使其发生水解反应，用堆肥等生物降解技术，对这些易燃易爆的危险品进行钝感化处理，使其分解成对环境危险性较低或无危险的物质。

疗法二：废弃火炸药的再利用技术。作为含能材料，换一种思路考虑，废弃的火炸药也是一种"能源"，如果能合理地利用起来，不仅能避免处理过程中的诸多缺点，还能产生额外的效益。因此，对废弃导弹火工品中的火炸药，最优处置方案仍是能源化利用，即通过分级分离技术将其转化为符合军用标准或民用安全要求的有效原料。

首先是回收废弃火炸药中的化工原材料。以废弃发射药为主要成分制成工业炸药，或将火炸药再分离、精制，转为其他工业用原材料。如从废弃发射药中回收硝化棉、从硝化棉单基药中制备草酸等，它们是高耗费的产品，售价很高，加以回收能够产生一定的经济效益。

其次是废弃火炸药在弹药中的再生利用。王泽山有条不紊地对此进行分情况讨论：对于因武器退役而报废，但性能经评估分析仍良好的发射药，如果符合稳定性的要求，可以改变其物料状态，例如将迫击炮弹的片状或带状装药制成粒状装药，再用于其他弹药中。而对于弹道性能不符合要求的，可以采用混合装药的方法调节弹道性能以满足兵器要求，或者经过改性与改型处理，补加某些成分，使其具备某种新的性质，这种改变性质的废弃火炸药完全可以再用到其他武器上，发挥其最大价值。

不仅如此，在研究过程中，为了能使成果更好地指导实践，王泽山还亲自到全国各地的火炸药企业走访，了解企业的实际状况，指导企业进行技术转化。废弃火炸药分别转化为化工产品、民用炸药、特种爆破剂，再生为军用炸药、工业用发射小粒药等多种军民用产品，得到了惊人的经济效益。

经王泽山提出并成功研发的废弃火炸药无公害化处理技术，其处理能力与产出量相当，确保了废弃火炸药得到及时且彻底的处理，从而消除了潜在的安全隐患。此技术不仅为我国长期面临的火药弹药储备问题提供了解决方案，还大幅度降低了销毁成本。在王泽山的引领下，我国火炸药资源化再利用的研究方向得以明确，为关键核心技术的突破奠定了坚实基础，为废弃火炸药的处理与利用开创了全新领域。因这一"化腐朽为神奇"的科技成果，王泽山荣获1993年国家科学技术进步奖一等奖。

## 解决火炸药稳定性问题

王泽山解决的第二个问题，便是火炸药的稳定性问题。

我国国土面积广阔，南北气候差异显著。在冬季，东北地区的气温可以降至-30℃，而海南地区则在20℃，两者温差高达数十摄氏度。

温度的变化会影响材料的性能，比如自行车冬天比夏天骑起来更费力，便是低温下轮胎变硬的缘故。

火炸药对外界温度的敏感性比较高，高温时火炸药燃烧速率高，低温时燃烧速率低，在高低温不同的情况下炮口初速极差可达100米/秒。发射药燃烧受到温度的影响，最终就会造成火炮弹道性能受环境温度的影响，昼夜温差大时，武器在白天和晚上使用都有差别。一门125毫米的坦克炮在南方30℃的高温和20℃的常温有效距离内能穿透的装甲，到了-20℃、-30℃的低温却完全穿不透了！这对于高膛压高初速的坦克炮来说，是非常大的影响。

温度波动对身管武器的膛压和初速度等关键弹道性能造成了显著影响，使其在较大范围内产生变化。这种变化对我国武器的发射威力、射击精度、使用安全性及环境适应性构成了严峻挑战。

温度影响武器性能的难题必须攻破！于是，1990年，"闲不住"的王泽山向火炸药的这个世界级难题——"含能材料的低温感技术"发起挑战。

**含能材料**

含能材料是能够独立进行快速化学反应并释放能量的化合物或混合物，主要包括炸药、发射药、推进剂、火工药剂和烟火剂等。这些材料在日常生活中通常被统称为"火炸药"。

"低温感"是什么呢？其指的是降低火炸药对周围环境温度变化的敏感度。冬天经常冒着-20℃严寒在东北和内蒙古火炸药试验场观看实验的王泽山已习惯在冬天不穿棉衣，他开玩笑地说："低温感，人就是低温感。"像我们在冰天雪地里，仍然能够顺利地玩耍，不受天气的影响一样，如何让火炸药冬天不知道冷、夏天不觉得热呢？

含能材料的低温感技术，是国内外许多专家难以攻克的尖端技术，也是世界军事技术研究和发展的重要方向。在火炸药反应的高压瞬间，很难改变物质固有的特性。这个违背自然规律、看似不可能的任务，很多人一听就感到害怕。更何况要常年和这些随时都有可能一触即燃的危险物为伍呢，很多人不愿意冒险去研究这具有安全隐患的特殊课题。王泽山对于自己当初的选择却始终无怨无悔，愿意为了国家的军工事业奉献自己的一切。

王泽山及其团队在既缺乏系统理论支撑，又遭遇国际技术封锁的情况下，克服重重困难，不断去解决技术层面遇到的难题，在原理、方法、特殊材料、加工工艺及装置、应用技术等全方面进行发明创新，取得了惊人的成就。

解决思路有多种，在无法改变使用军械时环境的巨大温差变化的情况下，王泽山将目光聚焦在军用武器制作材料的改良上。如果要减小或消除温度对弹道性能的影响，就必须让火炸药的燃烧速率保持稳定，补偿由于温度的下降所引起的燃气生成速率减小的问题。王泽山提出了一个成熟可靠又非常简单经济的解决方案：用材料对发射药进行包裹处理，即"发射药包覆"技术。

简单来说，就相当于给普通的发射药穿上了一层"冬暖夏凉"的外衣，包覆材料作为表面材料，可改善被包覆物的温度效应，也就是说，所谓的低温感包覆发

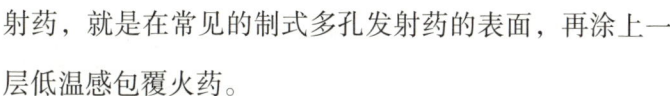

射药，就是在常见的制式多孔发射药的表面，再涂上一层低温感包覆火药。

在低温环境下，这个包覆火药强度低，很快就会破碎、破孔，与发射药一块参与到燃烧过程中，产生较原装药更强的渐增性燃烧，从而增大了火炮初速，进而增大膛压；在高温条件下，包覆火药又会体现出强度高的特点，高温下仍能包裹着发射药，延缓了发射药的破孔。

也就是说包覆火药这件神奇外衣，低温时，发射药燃速降低，可通过增加参与燃烧的发射药量来提高膛压；高温时，发射药燃速加快，可通过减少参与燃烧的发射药量来降低膛压。包覆层在低温时增加燃烧面积的时间较早，在高温时增加燃烧面积的时间较晚，从而降低了装药的弹道温度系数，保证无论是低温还是高温，火炮膛压都能保持稳定，合在一起就呈现出不随温度变化而变化的效果。

经过深入研究和实验验证，王泽山还提出了发射药燃烧的补偿理论，并成功发明了低温感含能材料，解决了火药长期贮存稳定性问题，显著提高了发射药的能量利用率，使我国的武器装备无论是在高温还是低温的极端天气情况下，性能都优于国外同类产品。目前这项技术已广泛应用于我国身管武器型号研制和现役装备的改造，为我国国防事业的持续发展作出了重要贡献。

1996年6月，20多位权威专家组成小组，在苛刻的评奖条件下，经过长时间的多方考察论证，一致认为低温感发射装药技术与工艺技术具有巨大突破性，一致同意该项成果获国家技术发明奖一等奖。1996年12月，王泽山在人民大会堂接受党和国家领导人的接见，获得了1996年国家技术发明奖唯一一等奖的荣誉，并结束了这一奖项多年的空缺，他在1999年被评为中国工程院院士。

火箭、炸药

## 如何让火炮射得更远

王泽山解决的第三个问题，是如何让中国的火炮射得更远。

一直以来，英、美、法、德、意等国家都在集中精力研究如何提高火炮射程。然而不论是采取延长炮管长度，还是采取增大膛压、增加炮膛的厚度等技术手段，都会造成火炮不灵活。当时多国科学家曾联合开展相关研究，最后由于无法突破技术瓶颈，不得不中断了研究。

但外国人摸索不出来的东西，王泽山却非常感兴趣。他将目光瞄准这个全新的研究领域，因为这意味着哪个国家先研究出来，就能在火炮基础上领先别人一大步。

已经62岁的"双冠王"王泽山，在很多人看来已经功成名就，完全可以在家享受晚年生活，很多人开始劝他不要再这么拼了，但他依旧没有闲下来："我们这代人已经习惯从工作、从奉献中寻找乐趣，国家给我们这么多荣誉就是要我们多作贡献。"

王泽山接下了国家安排的这个工作，他目光坚定地说："别人不能解决的问题，我要解决，我有这个追求。"

超导"玩家"的科学梦

火炮，被誉为"战争之神"，其核心技术在于"高效毁伤、精确打击、快速反应及火力压制"，而这正是火炮系统迈向现代化的关键所在。那么，如何使这位"战争之神"在战场上的威力和射程得以充分展现呢？答案在于火炸药的性能。火炸药的装药设计若足够先进，装药结构若足够巧妙，便能在保证炸药体积与质量不变的同时，释放出更大的能量，进而为战争的胜利提供坚实的保障。

把火炮想象成一个大型的玩具枪，枪膛（就是炮筒）内的火炸药燃烧产生气体，推动炮弹飞出去。

当时为了提高大口径火炮的射程，国际上通常有两种常规做法：一是延长炮管长度；二是增大火炮膛压。但是，如果燃烧的火炸药过多，就会增大膛压，产生太大的压力，可能会对火炮造成损害，甚至增大炸膛概率，而延长炮管长度则会有降低火炮机动性等问题。在20世纪，多个国家的解决方案都是使用两种单元模块组合的双模块装药，不同的射程用不同的药包，手动操作起来麻烦又费时，容错率也更低。

能不能使用同一单元模块来实现火炮对于远近不同目标的打击？这样装药的各个模块完全相同，能给火炮发射带来极大的便利。

各国曾设想过一种非常理想的"全等模块发射装药"技术：火炮打最小射程就用1个装药模块，打最大射程就装上6个一样的装药模块，中间的射程范围则是2个、3个、4个装药模块灵活组合，并同步反应。

然而，正是如何兼顾这个最小射程与最大射程，就成了难以解决的重要问题。

许多试验表明，因为火炮的膛压和炮口初速与发射药量不是成恒定比例的，如果1个装药模块满足了最小号装药的弹道指标，打最小射程，那么使用5个或6个最大号装药模块射击时，就会造成膛压偏高。反之，如果先保证最大号装药实现最大射程，符合发射弹道指标等要求，那么只用1个装药模块打最小射程时，药粒燃烧不完全、威力不够，膛压又会偏低，这枚炮弹很可能打不出去，直接留在炮膛里。

"全等模块发射装药"是国际上没有解决的重点研究课题。各国历时多年的研究耗费了大量人力、物力和资金，却始终无法突破这个技术瓶颈。凭借数十年的研究积累，王泽山决定：攻破这个难关！

为了解决这个问题，王泽山另辟蹊径，从火炸药本身出发，从发射药的种类、药型、装药方法等方面解决。从公开资料看，这与上文提到的含能材料低温感技术有异曲同工之处，即采用发射药和包覆火药的混合装药，来调控最小号装药和最大号装药发射时的膛压。

他利用低温感装药技术增加装药做功能力，让火药能在不增加膛压的情况下，通过提高对火药能量的有效利用率来提升火炮的射程。

与"低温感"所面对的低温和高温情况类似，他研发了补偿装药理论和技术方案，协调和控制小号和大号装药的气体生成速率。在小号装药膛压不足时，通过包覆火药增加参与燃烧的发射药量，便可增大膛压；在最大号装药膛压过大时，减少参与燃烧的发射药量，可有效降低膛压。

这种方式即调节火炸药在药室中的爆炸燃烧状态来实现射程的调节，解决大号装药膛压偏高、调节小号装药膛压偏低，药粒燃烧不完全的问题，从而提高炮口初速，提升火炮的威力和射程。

王泽山做研究不使巧劲，不盲目追求短平快的项目，他选定目标就决不会半途而废，遇到问题不会轻易放弃。20余年里，王泽山经过精确烦琐的反复验证，在一次次失败中也不曾放弃艰辛探索，终于研发出了傲视全球、具有普遍适用性的远程模块装药技术。

模块化装药较以往的药包、药筒优势更明显。其中的"全等式"与"双模"相比，实现了机械化自动装填，还有进一步的射速上的优势，过去可能每分钟打5发，现在可以达到每分钟打10发，相当于一门炮代替两门炮，把射程百分比提升至个位数，就是世界性突破，而王泽山院士直接让中国火炮射程提升了20％以上，别人双模块装药每分钟只能打8～12发，而我们每分钟可以达到12～15发。

王泽山研发的等模块装药及远程、低膛压发射装药技术，显著增强了远程火力的打击效能，解决了长期以来国际军械领域所面临的棘手问题。由此，我国火炮的射程提升了20％以上，或最大发射过载降低了25％以上，弹道性能超越其他国家的同类火炮，使我国在该领域的武器发射装药技术水平跃居世界先进行列。此外，王泽山还创立了发射装药学，为武器能源装药的应用提供了坚实的理论基础。

这些成就的背后，是王泽山上百次实验的坚持与积累，每一次都体现了他对完美的追求与对自我的超越。由于攻克了连西方国家都难以解决的问题，2015年，武器装药新技术荣获国防技术发明奖特等奖。王泽山在2016年再次获得国家技术发明奖一等奖，成就了科技界罕见的"三冠王"传奇。

## 🧪 科学贡献

　　王泽山，在我国享有崇高声望的、地位卓然的火炸药领域的权威专家。他是中国军事科技的璀璨明星，亦是中国火炸药技术发展的核心驱动力。作为火炸药领域的领军人物，他精心规划了国家火炸药发展的路线与战略，并成功培养了众多博士及高层次火炸药专业人才。他的科研成果与领导经验，为中国科技发展与进步注入了新的活力，树立了新的里程碑。

　　王泽山在火炸药领域深耕60载，在废弃火炸药无公害化处理与再利用、含能材料低温感技术等领域取得了多项世界性突破。这些技术发明已在工程实践中得到广泛应用，并被装备于各种型号武器上。其军品已在十余家军工企业实现产业化，民品则在数十家企业落地生根。他为推动中国武器装备现代化与军民融合作出了杰出贡献。

　　他运用现代科技手段，让古老的中国四大发明之一火炸药焕发新生，为华夏民族注入了新的活力。因此，他被尊称为中国的"火炸药王"。

　　在中国科技史上，王泽山是罕见的以第一发明人身份荣获三项国家技术发明奖一等奖的科学家。2018年1月8日，他从国家主席习近平手中接过了代表国家最高科技荣誉——国家最高科学技术奖的证书。即便荣誉满身，他仍不忘初心，继续向着新的科研目标发起总攻。他满怀激情地表示，尽管无烟火药已出现百余年，但尢溶剂制造工艺的难题仍未解决，他正致力于研发一种颠覆性技术，以期取代现有工艺。王泽山的传奇故事，仍在继续书写……